Jornada da Observabilidade

Organização e Curadoria
Antonio Muniz
Andreia Aranha
Felipe Santos
Tatiane Payá
William Lavieri

Jornada da Observabilidade

Democratizando conceitos, compartilhando experiências e espalhando sementes a fim de impulsionar a sua adoção em tecnologia e no negócio

BRASPORT

Rio de Janeiro
2024

Editor: Antonio Muniz
Produção Editorial: Marina dos Anjos Martins de Oliveira
Editoração Eletrônica: Abreu's System
Capa: Rinaldo Mickus

Dados Internacionais de Catalogação na Publicação (CIP)
(Câmara Brasileira do Livro, SP, Brasil)

Jornada da observabilidade : democratizando conceitos, compartilhando experiências e espalhando sementes a fim de impulsionar a sua adoção em tecnologia e no negócio / Antonio Muniz...[et al.]. – 1. ed. – Rio de Janeiro : Brasport Livros e Multimídia, 2024.

Outros autores: Andreia Aranha, Felipe Santos, Tatiane Payá, William Lavieri.
Bibliografia.
ISBN 978-65-6096-019-0

1. Aplicativos – Software – Desenvolvimento 2. Ciência da computação 3. Dados – Estruturas (Ciência da computação) 4. Inteligência artificial – Inovações tecnológicas 5. Tecnologia da informação I. Muniz, Antonio. II. Aranha, Andreia. III. Santos, Felipe. IV. Payá, Tatiane. V. Lavieri, William.

24-216922 CDD-004

Índices para catálogo sistemático:

1. Tecnologia da informação : Ciências da computação 004

Aline Graziele Benitez – Bibliotecária – CRB-1/3129

BRASPORT Livros e Multimídia Ltda.
Rua Washington Luís, 9, sobreloja – Centro
20230-900 Rio de Janeiro-RJ
Tel./Fax: (21)2568.1415
e-mails: marketing@brasport.com.br
vendas@brasport.com.br
administrativo@brasport.com.br
www.brasport.com.br

Conheça a patrocinadora deste livro: Delfia, curadora pioneira em soluções de observabilidade no Brasil

Delfia

Somos Delfia, curadoria de tecnologia que há mais de 20 anos seleciona, filtra e implementa tecnologias de ponta no mercado brasileiro. Em um mundo de atualizações constantes, nosso time de curadores se tornou filtro de inteligência humana, garimpando soluções tecnológicas disponíveis no mercado e selecionando o que traz os melhores resultados.

Em observabilidade, começamos antes mesmo do surgimento do termo. Em 2009 já desbravávamos o mercado internacional para implementar no Brasil soluções de monitoração de dados como *Application Performance Management* e *Network Performance Monitoring*. Assim, amadurecemos nossas linhas de negócio para oferecer cada vez mais predição para os clientes.

Avançamos no monitoramento da experiência do cliente com *Business Journey* e operações de *Command Center* focadas na monitoração fim a fim e na resolução dos problemas das aplicações.

Nesse cenário, fomos facilitadores da entrada de grandes ferramentas desse nicho no país, como AppDynamics e Datadog, consideradas líderes em seu setor. Coroamos assim nosso pioneirismo na parceria com essas tecnologias de vanguarda.

A partir de toda a nossa expertise no monitoramento de dados consolidada e atestada por grandes *players* do mercado, fomos pioneiros também em trazer a nova era da monitoração para o Brasil: a observabilidade.

Apostamos fortemente no conceito de observabilidade para a transformação da TI estratégica e atrelada a resultado de negócio. Isso porque proporcionar visibilidade e *insights* valiosos sobre o comportamento das aplicações e dos usuários leva as empresas a saírem na frente em relação às suas concorrências, com decisões de negócios mais certeiras, pautadas em dados.

Hoje somos referência em observabilidade no país: a nossa curadoria apoia grandes empresas do setor financeiro, serviços, *telecom* e varejo a ampliarem sua visão sobre a tecnologia e seus resultados de negócio.

Sobre a Jornada Colaborativa

Juntos somos mais inteligentes e transformamos mais vidas!

Era uma vez um professor universitário que sonhava lançar um livro quando finalizou o mestrado em 2007.

Depois de algumas ideias para publicação em temas como certificação Microsoft, gestão de projetos e gestão de serviços, o sonho começou a ser concretizado em 2017 com o livro "Jornada DevOps", mas alguns obstáculos travaram sua evolução após a definição da estrutura final para a certificação oficial EXIN e a escrita de três capítulos.

Em setembro de 2018, durante uma palestra na PUC Minas, surgiu um *click*: "será que outras pessoas apaixonadas por DevOps ajudariam com a escrita colaborativa?". Dezenas de pessoas aceitaram o convite e o livro foi lançado para 350 pessoas no dia 06 de junho de 2019 no Centro de Convenções SulAmérica no Rio de Janeiro, após um intenso trabalho coordenado com pessoas de várias cidades que nunca haviam trabalhado juntas antes.

Após essa experiência bem-sucedida com muitos aprendizados, a escalada dos times gerou grandes amizades, novas iniciativas e doação de R$ 553 mil para instituições com o lançamento de 41 livros com empresas amigas como Globo, Lojas Renner, Banco PAN, Banco Carrefour etc.

Sonhamos transformar mais vidas unindo a inteligência coletiva de especialistas, as comunidades e as empresas amigas...

<https://www.jornadacolaborativa.com.br/>
<https://www.linkedin.com/company/jornadacolaborativa/>
<contato@jornadacolaborativa.com.br>

Prefácio

O que é "observar" senão o ato de examinar atentamente, prestar atenção detalhada e analisar minuciosamente um determinado objeto, evento ou situação? E como essa palavra tão simples pode transformar a maneira como a tecnologia é aplicada aos negócios?

Posso afirmar com certeza que estudar e aplicar o conceito de observabilidade no meu dia a dia como líder de TI transformou minha trajetória profissional, trazendo um aprendizado que ampliou minha perspectiva de gestão, tornando-a mais estratégica. Pude assim enxergar para além das questões técnicas, observando como pessoas, processos e tecnologia se integram de forma orquestrada e voltada para o negócio.

É por isso que, ao ser convidada para escrever esse prefácio, quis rapidamente contribuir reforçando como esse conhecimento também pode fazer a diferença para cada um que agora inicia essa jornada de leitura. O livro que está em suas mãos é muito mais que um guia técnico; trata-se de um manifesto sobre a importância de integrar negócios e tecnologia de maneira coesa e proativa.

A observabilidade não é apenas uma ferramenta, mas uma filosofia que permeia todas as camadas da organização, desde a infraestrutura técnica até a experiência do cliente. Ela nos permite ver o que está acontecendo, entender o porquê, prever o que pode ocorrer e agir proativamente para garantir o melhor resultado possível.

Nesse mundo de complexidade crescente, onde sistemas distribuídos e microsserviços se entrelaçam em uma "dança" constante, a observabilidade é a chave para desvendar os segredos do desempenho, da confiabilidade e da eficiência. Ela nos capacita a tomar decisões baseadas em dados e a otimizar recursos, apresentando a melhor experiência possível aos nossos clientes.

Através de uma abordagem colaborativa, este livro reúne experiências e conhecimentos de diversos especialistas, oferecendo uma visão prática e detalhada sobre como implementar e tirar proveito da observabilidade. Ao explorar desde os fundamentos até casos práticos, a "Jornada da Observabilidade" apresenta-se como uma ferramenta indispensável para nós, profissionais de TI, executivos e todos que buscam excelência na gestão.

Prepare-se para uma imersão que irá transformar a maneira como você enxerga e gerencia a tecnologia. Embarque nessa jornada e descubra como a observabilidade pode revolucionar os negócios, proporcionando maior segurança, eficiência e satisfação. Afinal, em um mundo de tecnologias e dados exponenciais, observar abre caminho para a tomada de decisão correta, para a criação do novo e para possibilidades infinitas.

Claudia Marquesani
Diretora de Tecnologia, eterna "observadora" de *tech* e do mundo

Apresentação da Jornada da Observabilidade

Em minha atuação como empresário, *advisor* e editor, tenho uma grande interação com executivos, empresários e conselheiros cada vez mais interessados em iniciativas que melhorem a experiência do cliente. A observabilidade torna-se uma importante prática para a grande maioria das empresas nesse mundo digital em que vivemos.

Embora tenha muitas ações técnicas envolvidas, o objetivo da observabilidade tem ligação direta com os negócios. Pense como essa visão é mandatória no mundo digital:

- ✓ Lucas acessou um aplicativo para chamar um carro e ir ao shopping.
- ✓ Houve uma demora maior que o aceitável ou não há previsão de retorno.
- ✓ Sua atitude mais provável não é ligar para a empresa reclamando da situação, e sim fazer novo pedido usando outro aplicativo.
- ✓ Quanto o aplicativo deixou de ganhar por falta da observabilidade que poderia evitar a falha?

A história do livro "Jornada da Observabilidade" começou no dia 12 de setembro de 2023, em conversa animada com a Tati durante o evento de lançamento do livro "Jornada SRE" no lindo auditório da Accenture em São Paulo. Após alguns dias, refleti que tinha total sentido a sugestão da Tati para aprofundar esse importante tema em um novo livro colaborativo. Pensamos em alguns nomes para compor o time organizador e curadoria e fiquei muito animado com o forte engajamento do William desde a estruturação inicial dos capítulos. Tivemos também o reforço de um timaço na curadoria: Felipe e Andreia.

A escolha das pessoas para o time de coautores com experiências diversificadas foi uma surpresa positiva e tivemos uma rápida adesão de grandes feras que vivenciam diariamente a observabilidade em variadas empresas.

O resultado do livro ficou incrível porque o nosso timaço conseguiu somar a visão técnica com negócios para contribuir na melhora dos resultados das empresas que dependem cada vez mais de tecnologia.

Desejo que você evolua a sua atuação profissional e melhore a experiência dos clientes com esse riquíssimo conteúdo!

Antonio Muniz
Fundador da Jornada Colaborativa, CEO Advisor 10X

Sumário

PARTE I. OBSERVANDO OS CONCEITOS

PARTE II.
OBSERVANDO A INFRAESTRUTURA, A ENGENHARIA E A PRODUÇÃO

PARTE III.
OBSERVANDO O NEGÓCIO

PARTE I. OBSERVANDO OS CONCEITOS

1. As diferenças entre observabilidade e monitoramento

Andreia Aranha

Observabilidade e monitoramento podem parecer semelhantes, mas são conceitos muito diferentes em abordagem e propósitos.

Esses recursos são utilizados para garantir a saúde dos serviços de TI e uma melhor experiência do cliente, impulsionando alto desempenho, resposta rápida aos incidentes e entrega contínua de tecnologia.

Tradicionalmente, empresas utilizavam métodos de monitoramento para ter a visão de integridade e desempenho dos ambientes, cada vez mais complexos. Então identificou-se que, para acompanhar a velocidade e a evolução de TI, era necessário um entendimento mais abrangente que o monitoramento, surgindo então a observabilidade.

A diferença entre monitoramento e observabilidade é mencionada na estratégia de *DevOps* e também de forma complementar, com um papel fundamental para manter sistemas e dados em segurança.

No contexto do desenvolvimento de sistemas, o monitoramento serve para medir o funcionamento das aplicações e pode contar com uma regra que envia uma notificação aos profissionais envolvidos no desenvolvimento quando a aplicação está com alto consumo de disco e/ou memória.

Podem ser estabelecidos diversos tipos de alertas e diferentes critérios, e a análise de tendências também é um dos benefícios da prática do monitoramento para facilitar na tomada de decisão.

Para um bom funcionamento, as métricas e os *logs* a serem rastreados precisam ser bem definidos.

Na Teoria do Controle, a observabilidade é definida como uma medida de quão bem os estados internos de um sistema podem ser inferidos a partir do conhecimento.

Quando dizemos que um sistema é observável significa que a causa-raiz de um problema interno de seu desenvolvimento pode ser identificada a partir da análise dos dados produzidos, sem precisar de testes nem codificações adicionais, apenas com seus próprios dados produzidos pelo sistema/aplicação.

A expressão "observabilidade" é originária da Teoria do Controle, ligada à engenharia, que diz respeito à capacidade de avaliação de um problema interno levando em consideração as informações disponíveis.

Podemos dizer que a diferença entre monitoramento e observabilidade é que monitoramento é reativo e a observabilidade é proativa, ou seja, enquanto o monitoramento pode identificar o problema, a observabilidade antecipa aqueles que podem acontecer.

As métricas correspondem a uma avaliação numérica do desempenho do sistema e da utilização dos recursos disponíveis.

Os *logs* são um registro de tudo o que ocorre dentro do software e mostram como é o movimento das operações de um nó para o outro. Esses dados de telemetria são utilizados durante o monitoramento para a definição das métricas e a criação de painéis e notificações pré-configurados.

Já uma plataforma de observabilidade pode ser vista como uma prática de monitoramento que está um passo à frente desse escopo.

A telemetria é obtida em tempo real, possibilitando a visualização completa do desempenho do sistema e permitindo compreender o que está no sistema e também a relação entre os diferentes elementos ligados a ele.

Dessa forma, as equipes de *DevOps* são mais bem orientadas quanto à execução da instrumentação, da depuração e das correções do aplicativo.

A telemetria é utilizada tanto no monitoramento quanto na observabilidade, mas esta última a aplica de maneira proativa.

Definições de monitoramento e observabilidade

Monitoramento é observar e verificar um progresso ou qualidade de algo por determinado tempo, que foi evoluindo e mudando conforme a infraestrutura e as ferramentas disponíveis.

As ferramentas disponíveis especializadas fazem uma coleta de dados em tempo real sobre o desempenho dos sistemas, possibilitando a análise de problemas, anomalias ou tendências de possíveis falhas.

O monitoramento abrange quatro categorias:

- ✓ Disponibilidade
- ✓ Configuração
- ✓ Infraestrutura
- ✓ Desempenho

Para que o monitoramento seja eficaz, é preciso identificar com precisão o conjunto principal de métricas que indicam a integridade ou um conjunto de modos de falha de um sistema.

A limitação do monitoramento é que, para ser eficaz, requer que você saiba o que é normal e quais métricas rastrear. Como as falhas de produção não são lineares, torna-se mais complexo.

Observabilidade, por sua vez, é mais abrangente e proativa, busca entender o funcionamento dos sistemas/rede ou processo de TI e tem a capacidade de fornecer informações que ajudam no monitoramento.

Um sistema observável permite a visão dos efeitos da causa, dizendo o que, onde e por quê.

A observabilidade se divide em três pilares:

Logs: são registros imutáveis com data/hora de eventos que podem fornecer um relato abrangente do que aconteceu em um aplicativo em um momento específico. Os *logs* têm formato de texto simples, estruturado ou binário, mas todos contêm uma carga útil.

Com registros adequados, você pode identificar o comportamento de um sistema e entender o que mudou quando as coisas deram errado. Os registros podem ou não ser estruturados. É importante garantir que os *logs* possam ser lidos por humanos e máquinas, portanto é recomendável gerar *logs* de forma estruturada, de preferência no formato JSON, para que os sistemas de visualização de *log* possam indexar automaticamente e torná-los facilmente consultáveis.

Métricas: são base do monitoramento, com valores que expressam parte do estado interno de um sistema. Normalmente, as métricas são definidas como contagens ou medidas agregadas ao longo de um período de tempo.

Através das métricas, é possível saber a quantidade total de memória utilizada por um método ou quantas solicitações um serviço trata por segundo. A menos que um sistema seja tornado observável, é impossível comparar as métricas.

Rastreamento: descreve toda a jornada de uma solicitação e sua movimentação de um nó para outro em um sistema distribuído, revelando os efeitos não intencionais da solicitação e dando visibilidade à sua estrutura para uma transação ou solicitação individual. Um único rastreio exibe a operação de acordo com o caminho por onde ela passa em um aplicativo.

Os rastreios demonstram em detalhes as solicitações específicas, determinando quais componentes estão causando falhas/erros de sistema. A metodologia sugerida pelo Google (s.d.) é começar o monitoramento pelas métricas:

- ✓ **Latência:** tempo para servir um *request*.
- ✓ **Tráfego:** total de quanto o seu sistema está sendo solicitado.
- ✓ **Erros:** quantidade de requisições que estão falhando.
- ✓ **Saturação:** quão cheio o seu serviço está.

Principais semelhanças entre monitoramento e observabilidade

São duas práticas fundamentais no campo de operações de sistemas e tecnologia da informação com o mesmo objetivo: melhorar a confiabilidade e o desempenho dos sistemas, identificar falhas ou problemas e resolvê-los o mais rápido possível.

Tanto o monitoramento quanto a observabilidade utilizam categorias de dados de telemetria considerados pilares da observabilidade: as métricas, os *logs* e os rastreios.

Construir a cultura para monitoramento e observabilidade

Desenvolver uma cultura para envolver o monitoramento e a observabilidade em processos e tecnologia é um grande desafio. A jornada começa com a compreensão do motivo, da importância e das decisões orientadas a métricas, com metas de maturidade e *mindset* para resolver problemas e reduzir "toil" (tarefas repetitivas e operacionais que geram esforços).

Uma boa prática para criar a cultura de monitoramento e observabilidade é ter um *mindset* direcionado a construir uma solução prática e confiável de *debugging* que possa ser aplicada para entender o estado de qualquer aplicação em qualquer momento que algo der errado. Invista em desenvolvimento de habilidades voltadas a dados e estipule prazos e metas para alcançar bons resultados.

Análise de maturidade das capabilidades (*capability*) e plano de confiabilidade para monitoramento e observabilidade

Avaliação da maturidade da *capability* é o principal objetivo do *ProdOps* para entender como estão as aplicações. A partir do *framework*, é muito importante a governança de políticas e estabelecer níveis de qualidade que a empresa pode adotar como necessários para as capabilidades de observabilidade.

O *assessment* de maturidade é a base para construir um *roadmap* dos produtos/serviços, considerando a maturidade de monitoramento e observabilidade. Essa visão se torna uma ferramenta para a empresa apoiar a área de engenharia e arquitetura na melhoria contínua.

A seguir, exemplo de *template* que pode ajudar a iniciar um *assessment* de plano de confiabilidade e a visualizar a maturidade do monitoramento e da observabilidade:

**Tabela 1.1. Visão de matriz de confiabilidade.
Fonte: Produto Reativo (s.d.).**

Maturidade		*Availability*			*Informative workspace*		
		Resilience matrix	*Monitoring & status check*	*Alerts & notifications*	*Status & maintenance page*	*Incident management*	*Tracking*
5	Excelência	Conseguimos montar uma matriz de resiliência em uma visão de produto de um ambiente com SLA, KPIs, disponibilidade e integração completa com *status page* e *incident management.*	Temos um processo de monitoramento que consegue identificar problemas de disponibilidade e degradação de todas as aplicações e serviços em todas as camadas de infra, produto e negócio de forma preditiva sobre KPIs, SLA e gestão de mudanças.	Temos alertas e notificações em cenários importantes para um time de suporte e responsáveis pelo atendimento com ferramenta de gestão dos incidentes e integração com páginas de manutenção e status dos serviços.	Temos a página de uma aplicação por ambiente com disponibilidade da aplicação e suas dependências, KPIs e SLA e integração com gestão de incidentes e página de manutenção.	Geramos uma página de aviso de manutenção e *postmortem* de forma preditiva pelo monitoramento ou gestão de mudanças em indisponibilidades ou degradações críticas de serviços que impactam nos cenários principais, integrado com alertas, gestão de incidentes e *status page.*	Coletamos todos os *logs* da aplicação em ferramentas ou serviços que integram ou utilizam alertas para erros críticos detectados durante a execução de lógica das aplicações e calculamos todas as métricas estabelecidas.
4	Competência	Conseguimos montar uma matriz de resiliência em uma visão de produto de um ambiente com SLA, KPIs e disponibilidade.	Temos um processo de monitoramento que consegue identificar problemas de disponibilidade e degradação de todas as aplicações e serviços em todas as camadas de infra, produto e negócio de forma reativa calculando KPIs, SLA e gestão de mudanças.	Temos alertas e notificações em cenários importantes para um time de suporte e responsáveis pelo atendimento com ferramenta de gestão dos incidentes e *dashboards* de acompanhamento dos indicadores.	Temos a página de uma aplicação por ambiente com disponibilidade da aplicação e suas dependências isolada das métricas e sem integração com gestão de incidentes e página de manutenção.	Alertamos o usuário final e os times responsáveis sobre indisponibilidades críticas que afetam cenários importantes com informações sobre *status page* e gestão de incidentes/ métricas.	Coletamos todos os *logs* da aplicação em ferramentas ou serviços sem integração com alertas para erros críticos detectados durante a execução de lógica das aplicações e calculamos algumas métricas básicas.
3	Entendimento	Conseguimos montar uma matriz de resiliência em uma visão de aplicação de um ambiente com SLA, KPIs e disponibilidade.	Temos um processo de monitoramento que consegue identificar problemas de disponibilidade e degradação de todas as aplicações e serviços na camada de infra de forma reativa, calculando KPIs, SLA e gestão de mudanças.	Temos alertas e notificações específicas em cenários importantes para um time de suporte e responsáveis pelo atendimento com ferramenta de gestão dos incidentes.	Fornecemos páginas e *dashboards* diferentes para acompanhamento de uma aplicação e suas dependências de forma totalmente automatizada.	Alertamos o usuário final e os times responsáveis sobre indisponibilidades críticas que afetam cenários importantes com informações sobre *status page* e gestão de incidentes.	Coletamos os *logs* para análise posterior com integração ao fluxo de alerta de incidentes graves.

Maturidade		Availability			Informative workspace		
		Resilience matrix	*Monitoring & status check*	*Alerts & notifications*	*Status & maintenance page*	*Incident management*	*Tracking*
2	Consciência	Conseguimos montar uma matriz de resiliência em uma visão de aplicação de um ambiente com disponibilidade.	Temos um processo de monitoramento que consegue identificar problemas de disponibilidade e degradação de todas as aplicações e serviços na camada de infra de forma reativa, sem cálculo automatizado de SLA e KPIs.	Temos alertas e notificações específicas em determinados componentes para um time de suporte, sem seguir um cenário de gestão de incidentes.	Fornecemos páginas e *dashboards* diferentes para acompanhamento de uma aplicação e suas dependências incompletas ou atualizadas de forma manual.	Capturamos indisponibilidades críticas sem *workflow* funcional de notificação a todos os envolvidos nos cenários importantes.	Coletamos os *logs* para análise posterior sem qualquer integração funcional com outros fluxos de gestão de incidentes.
1	Inocência	Não conseguimos montar uma matriz.	Não temos um processo de monitoramento das aplicações.	Não temos alertas automatizados.	Não temos *status page*.	Não temos qualquer informação quando há indisponibilidade crítica para o usuário final.	Não temos histórico automatizado para acompanhamento de incidentes e atuações.

Conclusão

Podemos concluir que a observabilidade é a resposta à crescente complexidade dos sistemas distribuídos nativos da nuvem.

A observabilidade se relaciona com o monitoramento e estes se complementam. A observabilidade é sobre visibilidade completa em seus sistemas e vincular métricas de negócios com dados técnicos. Monitoramento é sobre entender se as coisas estão funcionando corretamente. O escopo da observabilidade, em grande medida, é sobre ajudar a identificar o problema assim que um incidente acontecer (e às vezes até antes). Em outras palavras, se você não alcançou o status de observabilidade total, pode estar desperdiçando muito dinheiro e esforço na construção de sistemas.

2. A observabilidade no mundo da nuvem

Vanessa Genaro

Em contraste com os métodos de desenvolvimento monolíticos e em cascata comuns na década de 1990 até o início dos anos 2000, as equipes de desenvolvimento de software e operações atuais estão cada vez mais adotando abordagens modernas como *cloud native* e *agile*. Elas permitem que as equipes lancem novas funcionalidades de forma autônoma, sem estarem rigidamente ligadas ao impacto em outras equipes. Isso traz uma série de benefícios comerciais significativos, como aumento da produtividade e rentabilidade. Por exemplo, a capacidade de ajustar individualmente os componentes de serviço conforme a demanda e de alocar recursos em uma ampla gama de servidores, virtuais e físicos, resulta em um melhor controle de custos e escalabilidade para o negócio (MAJORS; FONG-JONES; MIRANDA, 2022, p. 61).

No entanto, é importante reconhecer que esses benefícios vêm acompanhados de custos de gerenciamento. A introdução de sistemas abstratos com controles dinâmicos traz consigo desafios de complexidade emergente e padrões de comunicação não hierárquicos. Enquanto sistemas monolíticos mais antigos eram mais simples de monitorar e entender, a execução viável de sistemas *cloud native* em grande escala hoje requer práticas sociotécnicas mais avançadas, como observabilidade (MAJORS; FONG-JONES; MIRANDA, 2022, p. 62).

A computação em nuvem transformou fundamentalmente a forma como as empresas desenvolvem, implementam e operam seus sistemas de software. Com a transição para ambientes distribuídos e altamente escaláveis, surgiu a necessidade de uma abordagem diferente para entender e controlar o desempenho e a confiabilidade desses sistemas. É aqui que entra o conceito de observabilidade. Charity Majors, Liz Fong-Jones e George Miranda (2022, p. 60) dizem:

> *Observabilidade não existe no vácuo; em vez disso, é uma consequência e parte integrante dos movimentos DevOps, SRE e cloud native.*

Em abril de 2012, nasce Downdetector, um site dedicado a rastrear interrupções e problemas relacionados aos serviços de internet, incluindo sites, aplicativos e provedores de serviços. Com isso, aumenta a necessidade de transparência e responsabilidade por parte das empresas de tecnologia, incentivando a rápida resolução de problemas e a comunicação aberta com os usuários. Logo, estar atento apenas aos problemas que "sabemos" que podem vir a dar errado não era mais suficiente; as empresas precisavam compreender primeiramente o que era uma jornada de serviço satisfatória e como garantir o estado normal das nossas aplicações.

Após a COVID-19 vimos esse cenário se ampliar, e o mundo conheceu o BANI – sigla para *Brittle* (frágil), *Anxious* (ansioso), *Nonlinear* (não linear) e *Incomprehensible* (incompreensível). Esses termos descrevem características de sistemas complexos e incertos. A ideia por trás do BANI é reconhecer que muitos aspectos do mundo moderno, especialmente na era digital, são caracterizados por fragilidade, ansiedade, não linearidade e incompreensibilidade. Essas características podem influenciar a forma como as organizações planejam e respondem a mudanças e incertezas. Fortalece a necessidade de evoluirmos a forma como monitoramos nossos sistemas: em vez de monitorar o que se conhece, é necessário observar e construir um modelo que nos permita atuar de forma proativa.

Neste capítulo, exploraremos o papel crucial da observabilidade no mundo da nuvem. Discutiremos o que é a observabilidade, por que ela é importante, os principais componentes da observabilidade na nuvem e como as organizações podem implementar práticas eficazes de observabilidade para garantir o sucesso de seus sistemas distribuídos. Trazemos também um estudo de caso da Netflix.

O que é a observabilidade

Se o monitoramento está focado em coisas que antecipamos que irão dar errado, criando limites de aceitabilidade e alertas quando eles forem violados, a observabilidade se concentra em externalizar o máximo de dados possível sobre todo o serviço, permitindo-nos inferir qual é o estado atual desse serviço. A capacidade de observação fornece uma visibilidade mais granular do comportamento INESPERADO de sistemas complexos junto com um contexto rico. Uma boa capacidade de observação ajuda as equipes a entender o que está acontecendo, agir e obter percepções valiosas e acionáveis para todas as partes interessadas.

A observabilidade é composta por três pilares:

- ✓ **Métricas:** ajudam a responder à pergunta "tenho um problema?" e são muito úteis para detecção e alerta em tempo real, especialmente com sistemas de grande escala.
- ✓ **Rastreamentos:** ajudam a entender "onde está o problema" em uma complexa rede de microsserviços. São muito úteis para explorar e solucionar problemas de dependências de serviço *upstream/downstream* e transações de usuário.
- ✓ **Registros:** ajudam você a se aprofundar e entender "por que o problema está acontecendo" em primeiro lugar.

Juntos, e quando efetivamente correlacionados, esses três tipos de dados podem fornecer a velocidade, o contexto e os detalhes de que você precisa para entender completamente o comportamento de sistemas complexos.

Por que a observabilidade é importante em um ambiente de nuvem

O propósito da observabilidade é auxiliar os indivíduos na compreensão do estado interno de seus sistemas e aplicativos. Esse estado pode ser alcançado de diversas maneiras, como, por exemplo, através da utilização combinada de registros, métricas e rastreamentos. No entanto, o objetivo da observabilidade em si não está vinculado à forma como é realizada. Em sistemas monolíticos, onde as potenciais áreas de falha podem ser previstas, uma pessoa isoladamente poderia depurar os sistemas e atingir uma observabilidade adequada usando registros detalhados de aplicativos ou métricas básicas de nível de sistema, como uso de CPU/disco. No entanto, essas ferramentas e técnicas legadas não são mais eficazes para lidar com os novos desafios de gerenciamento apresentados pelas oportunidades dos sistemas nativos da nuvem.

Assim, vemos que existem várias razões pelas quais a observabilidade é tão importante nesse contexto:

1. **Ambientes distribuídos e escaláveis:** na nuvem, os sistemas são compostos por uma infinidade de serviços interconectados e distribuídos globalmente. A observabilidade permite acompanhar o desempenho e o comportamento desses sistemas complexos em tempo real.

2. **Rápida identificação e resolução de problemas:** com a observabilidade, as equipes de operações podem detectar e diagnosticar problemas rapidamente, minimizando o tempo de inatividade e o impacto nos usuários.
3. **Otimização de recursos:** ao monitorar métricas de uso de recursos, as organizações podem identificar oportunidades de otimização e reduzir os custos operacionais na nuvem.
4. **Melhoria da experiência do usuário:** com uma visão abrangente do sistema, as empresas podem garantir uma experiência consistente e de alta qualidade para os usuários finais, independentemente da complexidade da infraestrutura subjacente.

Componentes da observabilidade na nuvem

Podemos dizer que a observabilidade está conectada à Terceira Maneira do *DevOps*. A Terceira Maneira do *DevOps*, proposta por Gene Kim, Jez Humble e Patrick Debois, é uma abordagem que visa ir além da simplificação dos processos de desenvolvimento e operações (*DevOps*) para integrar a segurança, a qualidade e a confiabilidade ao longo de todo o ciclo de vida do desenvolvimento de software. Ela nos permite que as equipes tenham uma compreensão mais profunda e holística de como seus sistemas estão funcionando em produção. Em vez de se concentrar apenas na entrega rápida de novos recursos (a Primeira Maneira) ou na estabilidade operacional (a Segunda Maneira), a Terceira Maneira do *DevOps* destaca a importância de aprender e responder rapidamente aos *feedbacks* do sistema em produção.

Para alcançar a observabilidade em sua aplicação em nuvem, são necessários:

1. **Coleta de dados:** implementar mecanismos para coletar dados de métricas, *logs* e rastreamentos de todos os componentes do sistema distribuído.
2. **Armazenamento e indexação:** centralizar e indexar os dados coletados em um local acessível e de fácil pesquisa.
3. **Visualização e análise:** utilizar ferramentas de visualização e análise para transformar dados em *insights* acionáveis, identificando padrões, tendências e anomalias.
4. **Alertas e notificações:** configurar alertas e notificações para serem acionados quando determinadas condições forem atendidas, permitindo uma resposta proativa a eventos e problemas.
5. **Automatização e correção:** automatizar ações corretivas para resolver problemas rapidamente e reduzir a intervenção manual.

Implementando observabilidade na nuvem

Para implementar práticas eficazes de observabilidade na nuvem, as organizações devem seguir algumas diretrizes:

1. **Cultura de observabilidade:** promover uma cultura organizacional que valorize a observabilidade e incentive a colaboração entre equipes de desenvolvimento, operações e segurança.
2. **Ferramentas e tecnologias:** investir em ferramentas e tecnologias adequadas para coletar, armazenar, visualizar e analisar dados de observabilidade de forma eficaz.
3. **Padrões e melhores práticas:** seguir padrões e melhores práticas estabelecidos pela comunidade para a implementação de observabilidade, como os princípios do OpenTelemetry e as diretrizes do CNCF (*Cloud Native Computing Foundation*).
4. **Monitoramento proativo:** antecipar e prevenir problemas por meio de monitoramento proativo e análise preditiva.
5. **Interação contínua:** continuamente revisar e aprimorar as práticas de observabilidade com base no *feedback* e na evolução dos sistemas e requisitos de negócios.

Estudo de caso

Conforme identificado no livro "Manual de DevOps" (KIM et al., 2018, p. 318), segue estudo de caso que se relaciona muito bem ao nosso tema:

> *Um ótimo exemplo de análise de telemetria para encontrar e corrigir problemas proativamente antes que os clientes sejam impactados pode ser visto na Netflix, provedor internacional de filmes e séries televisivas por streaming. A Netflix teve renda de US$ 6,2 bilhões, proveniente de 75 milhões de assinantes em 2015. Um de seus objetivos é fornecer a melhor experiência para quem assiste aos vídeos on-line no mundo todo, o que exige uma infraestrutura de distribuição robusta, escalável e resiliente. Roy Rapoport descreve um dos desafios de gerenciar o serviço de distribuição de vídeos baseados na nuvem da Netflix: "Dado um rebanho de gado que deve ter a mesma aparência e agir da mesma forma, que gado parece diferente do resto? Ou, mais concretamente, se temos um cluster de computadores sem estado de mil nós, todos executando o mesmo software e sujeitos à mesma carga de tráfego aproximada, nosso desafio é descobrir quais nós não são*

parecidos". Uma das técnicas estatísticas que a equipe usou na Netflix em 2012 foi a detecção de valor discrepante, definida por Victoria J. Hodge e Jim Austin, da Universidade de Iorque, como a detecção de "condições de execução anormal, das quais pode resultar uma degradação de desempenho significativa, como um defeito na rotação do motor de uma aeronave ou um problema de fluxo em um pipeline". Rapoport explica que a Netflix usou detecção de valor discrepante de modo muito simples, que foi primeiro calcular o que era o 'normal atual' imediatamente, dada a população de nós em um cluster de computadores. Então identificamos quais nós não se encaixavam nesse padrão e os retiramos da produção". Rapoport continua: "Podemos identificar nós defeituosos automaticamente, sem definir qual é o comportamento 'correto'. E, como projetamos para executar de forma resiliente na nuvem, não dizemos a ninguém de Operações para que faça algo – em vez disso, apenas eliminamos o nó de computação defeituoso e, então, registramos isso ou notificamos os engenheiros da forma que quiserem". Implementando o processo Server Outlier Detection (Detecção de Valor Discrepante de Servidor), diz Rapoport, a Netflix "reduziu significativamente o trabalho de encontrar servidores defeituosos e, mais importante, reduziu sensivelmente o tempo para corrigi-los, resultando em maior qualidade do serviço. A vantagem de usar essas técnicas para preservar a sanidade dos funcionários, o equilíbrio entre trabalho/vida e a qualidade do serviço não pode ser suficientemente enfatizada". O trabalho feito na Netflix realça um modo muito específico de usarmos telemetria para mitigar problemas antes que eles impactem nossos clientes.

3. Usando objetivos de nível de serviço (SLOs) para confiabilidade

Alessandro Silva
Rodrigo Macia

Introdução aos objetivos de nível de serviço

Os objetivos de nível de serviço (SLOs) são metas internas estabelecidas para medir a saúde do serviço. Popularizados pelo livro "Site Reliability Engineering" (BEYER et al., 2016), os SLOs constituem uma parte fundamental dos acordos de nível de serviço (SLAs) externos entre prestadores de serviços e seus clientes. Essas medidas internas costumam ser mais rigorosas do que os acordos externos ou compromissos de disponibilidade. Com esse rigor adicional, os SLOs podem fornecer um mecanismo de segurança que permite às equipes identificar e corrigir problemas antes que a experiência do usuário externo alcance níveis inaceitáveis.

Muito já foi escrito sobre o uso de SLOs para a confiabilidade do serviço (recomenda-se o livro "Implementing Service Level Objectives", de Alex Hidalgo (2020), para uma compreensão mais aprofundada do assunto) – e eles não são exclusivos do mundo da observabilidade. No entanto, adotar uma abordagem baseada em SLOs para monitorar a saúde do serviço exige uma capacidade de observação integrada aos seus sistemas. SLOs podem ser, e por vezes são, implementados em sistemas sem observabilidade. Contudo, as ramificações dessa prática podem ter consequências graves e não intencionais. Para entender por que isso ocorre, vamos começar examinando as características dos alertas de monitoramento tradicionais.

Abordagens tradicionais de monitoramento

Em abordagens baseadas em monitoramento, os alertas geralmente se concentram no que é mais fácil de medir. As métricas são utilizadas para acompanhar estados simplificados do sistema, que podem indicar mau funcionamento dos processos subjacentes de um serviço ou ser um sinal precoce de problemas futuros: disparar um alerta se a CPU exceder 80%, se a memória disponível cair abaixo de 10%, se o espaço em disco estiver quase cheio, se houver um número excessivo de *threads* em execução, entre outras medidas simplistas das condições do sistema.

Embora essas medidas sejam fáceis de coletar, elas frequentemente falham em ser indicadores úteis para disparar alertas. Essas métricas simplistas podem também sinalizar a execução de um processo de *backup*, a atuação do coletor de lixo em sua função de limpeza ou uma variedade de outros eventos normais no sistema. Em suma, essas condições podem ser reflexo de inúmeros fatores, não apenas dos problemas específicos de interesse. Alertas baseados nessas métricas simplistas geram um alto índice de falsos positivos.

Equipes de engenharia experientes, responsáveis pela operação de software em produção, frequentemente aprendem a ignorar ou mesmo a suprimir esses alertas devido à sua falta de confiabilidade. É comum a adoção de frases como "não se preocupe com esse alerta: sabemos que o processo consome muita memória ocasionalmente".

Acostumar-se a alertas propensos a falsos positivos é problemático e perigoso. Em outras indústrias, esse fenômeno é conhecido como "normalização do desvio", um termo originado na investigação do desastre do Challenger. Quando membros de uma organização rotineiramente ignoram alarmes ou falham em agir diante deles, tornam-se insensíveis a ponto de não reconhecerem mais a gravidade de um alerta, desviando-se da resposta esperada. Falhas consideradas "normais" e ignoradas constituem, no mínimo, ruído de fundo e, no pior cenário, negligências que podem levar a falhas sistêmicas em cascata com consequências desastrosas.

Essa disfunção é tão prevalente na indústria de software que muitos fornecedores de ferramentas de monitoramento e resposta a incidentes apresentam soluções etiquetadas como *AIOps* para gerenciar, suprimir ou processar essa sobrecarga de alertas. As equipes de engenharia estão tão habituadas ao ruído dos alertas que essa condição é agora vista como normal. Se o futuro da execução de software em produção é gerar tanto ruído que necessite ser artificialmente processado, é razoável afirmar que a situação evoluiu para além da normalização do desvio: os fornecedores da indústria já capitalizaram sobre essa tendência, oferecendo soluções para seu gerenciamento.

Lembre-se, quanto mais preciso e abrangente for o levantamento de requisitos, mais fácil será identificar a solução de software que melhor atenda às necessidades da sua organização.

Sistemas distribuídos aumentam o problema de alerta

Em sistemas isolados, antecipar modos de falha é significativamente mais fácil. Portanto, parece lógico implementar monitoramento que preveja cada um desses modos de falha conhecidos. Equipes de operações que suportam sistemas autônomos podem desenvolver verificações de monitoramento altamente específicas para cada estado definido. No entanto, à medida que os sistemas se tornam mais complexos, surge uma explosão combinatória de potenciais modos de falha. Equipes de operações, habituadas a sistemas menos complexos, podem depender de sua intuição, suposições e lembranças de falhas passadas para prever falhas potenciais. Embora essa estratégia com monitoramento tradicional possa funcionar em menor escala, a crescente complexidade dos sistemas modernos demanda que as equipes desenvolvam e mantenham centenas ou mesmo milhares de verificações de estado precisas para cobrir todos os cenários possíveis.

Essa metodologia é insustentável. As verificações muitas vezes não se mantêm, o conhecimento é difícil de transferir, e o comportamento histórico não pode prever com segurança as falhas futuras. A mentalidade tradicional de monitoramento visa, em geral, prevenir falhas. Porém, em sistemas distribuídos com centenas ou milhares de componentes processando tráfego de produção, falhas são inevitáveis.

Em sistemas contemporâneos, as equipes de engenharia frequentemente distribuem a carga entre múltiplos sistemas distintos. Eles se separam, fragmentam, particionam horizontalmente e replicam dados através de sistemas distribuídos geograficamente. Embora tais decisões arquitetônicas otimizem desempenho, resiliência e escalabilidade, também podem tornar as falhas sistêmicas difíceis de detectar ou prever. Modos de falha emergentes podem afetar os usuários muito antes que sondas sintéticas, tradicionalmente utilizadas como indicadores, apontem qualquer problema. De repente, medições tradicionais da saúde do serviço perdem seu valor por se tornarem irrelevantes para o comportamento geral do sistema.

Métricas tradicionais do sistema frequentemente fracassam em identificar modos de falha inesperados em sistemas distribuídos. Um número anormal de *threads* em execução em um componente pode indicar tanto a execução da coleta de lixo quanto a possibilidade de tempos de resposta lentos em um serviço a montante. Também é possível que a condição detectada pelas métricas do sistema não esteja relacionada à lentidão do serviço. Portanto, o operador que recebe um alerta sobre o número anormal de *threads* durante a noite não sabe qual dessas condições se aplica, cabendo a ele deduzir essa correlação.

Conclusão

Esta foi uma visão geral de alto nível sobre os SLOs e as oportunidades que eles apresentam para estratégias de alerta mais eficientes. A fadiga de alerta é um problema predominante na indústria de software, muitas vezes facilitada pela abordagem focada em causas das soluções tradicionais de monitoramento.

A exaustão motivada pelos alertas pode ser mitigada focando-se exclusivamente na criação de alertas "úteis", que satisfaçam dois critérios essenciais.

Primeiramente, devem ser baseados em indicadores confiáveis de que a experiência do usuário está comprometida. Em segundo lugar, devem ser acionáveis. Qualquer alerta que não cumpra esses critérios perde sua finalidade e deve ser eliminado.

Os SLOs distinguem o "o quê" do "porquê" por trás dos alertas de incidentes, focando em alertas baseados em sintomas. Isso faz com que os SLOs sejam indicadores confiáveis da experiência do cliente. Quando orientados por medidas baseadas em eventos, os SLOs apresentam uma taxa significativamente menor de falsos positivos e negativos. Portanto, alertas baseados em SLOs podem ser uma forma eficaz de tornar os alertas menos intrusivos e mais acionáveis e oportunos, auxiliando na distinção entre problemas significativos e falhas estocásticas esporádicas.

4. Transformando dados em ouro

Chee Lai

De volta ao básico, do *byte* ao *big data*

Antes de começarmos a falar de qualquer conceito de dados ou de *big data*, precisamos relembrar o que é um *byte*: uma unidade fundamental de informação digital, equivalente a oito *bits* de dados. Uma unidade pode representar até 256 símbolos diferentes, graças às suas possíveis combinações que podem chegar a 2 elevado a 8, sua utilização principal é especificar a quantidade de memória de um dispositivo ou sua capacidade de armazenamento.

Atualmente geramos cerca de 2,5 quintilhões de *bytes* de dados por dia, e 90% desses dados foram gerados nos últimos três anos – segundo a IBM (s.d.), com um crescimento exponencial, o que nos leva a concluir que a qualidade dos dados é de essencial valia e que sua quantidade por sua vez é exorbitante.

Dados são itens essenciais para que possamos evoluir a nossa transformação digital. A transformação digital é a capacidade de incorporar a tecnologia para solucionar problemas tradicionais presentes nas empresas.

E quando falamos em *big data* estamos falando de grandes volumes de dados, que podem ser estruturados e não estruturados.

O termo *big data* foi criado com o intuito de expressar a dificuldade de armazenamento de grandes volumes de informação em locais centralizados e únicos, uma vez que naquela época havia diversas barreiras que hoje em dia já não estão mais presentes com um armazenamento mais eficiente.

Dados puros ou *on the rocks*

No entanto, dados brutos podem apresentar pouca valia, pois podem levar a conclusões incorretas. Para quem não sabe para onde vai, qualquer caminho é o correto. Pensando nisso, vamos imaginar a quantidade de informações geradas por dia por uma empresa, partindo do princípio de que essa empresa já possui processos organizados em cada um dos departamentos e não gera mais dados de forma 100% manual, porém ainda possuindo silos operacionais onde cada gerência acaba focando em suas próprias necessidades.

Isso representa dados vindo de diversos setores com propósitos diferentes, formatos não comuns, gerados por pessoas diversas, com intenções que não possuem qualquer correlação prévia ou intencional. Esses dados sem processamento ou transformação precisam nesse primeiro momento de uma definição de objetivo, de um propósito a ser atingido. Assim, com esse objetivo definido e claro para todas as partes envolvidas e seus devidos *stakeholders*, começamos a entender quais dados serão necessários para responder aos questionamentos levantados e assim atingir os resultados esperados com a análise dos dados.

Começamos a partir de então a saga para descobrir se todas as informações de que necessitamos estão realmente presentes ou representados em processos da empresa em questão, ou se serão necessárias mudanças processuais para que os dados sejam gerados e em seguida capturados e estruturados. A modelagem de dados, se não existir, será de grande valia, pois, a partir desse ponto, começa o desenho ou esquema de representação visual do fluxo e gerenciamento de dados da organização.

Se esses dados não existem, precisamos ir mais além e entender em qual parte do processo eles devem ser gerados, e qual será o ponto de maior confiabilidade para que estes sejam introduzidos, além de analisarmos quem será a pessoa/o time responsável pela inserção desses novos dados e a mudança formal do processo. Devemos investigar também se temos algum repositório preparado para recepcioná-los e capturá-los ou se será necessário envolver outras áreas para que todo esse processo mude.

Essa fase de descoberta não pode ser negligenciada na jornada em busca dos dados objetivos. Ela trará um melhor direcionamento das decisões tomadas pela empresa e consequentemente maior retorno dos investimentos a serem realizados. Em uma analogia simples, é preciso preparar o terreno para que o plantio tenha uma safra produtiva e sem ervas daninhas em demasia, pois podem pôr a produção em risco ou tirar o foco do produtor.

Com o dado existente, será necessário realizar associações, buscar padrões, similaridades ou possíveis "tagueamentos" ou estruturações para que haja algum tipo de arquitetura desses dados que possa trazer a normalização, tornando o terreno mais produtivo.

Um dos caminhos é realizar o correlacionamento dos dados para que consigamos entender as relações entre seus diferentes conjuntos. Assim identificamos padrões, tendências e dependências, gerando grandes *insights* como oportunidade de melhorias com base em dados reais e alimentando a tomada de decisões.

Lembre-se de que os dados gerados durante a telemetria são puramente conjuntos de *bytes* processados por nossos sistemas e aplicações. Se bem utilizados, valem ouro.

Existem teorias que sustentam que os dados realmente são o novo ouro do século, pois podem ditar comportamentos, tendências de mercado, exigências não verbalizadas e também necessidades não atendidas de nossos consumidores finais.

Do micro ao macro, vamos falar de *big data*

O termo *data-driven* – direcionado por dados, em tradução livre – tem exatamente como objetivo orientar o processo de decisão, permitindo um planejamento estratégico.

E por que é importante que esse processo de decisão seja baseado em dados? Isso provê uma segurança durante uma tomada de decisão e insumos para casos de uso.

E, acima de tudo, evitamos investimentos equivocados com base em suposições ou sentimentos, o que pode custar caro ou até levar a uma decisão errônea capaz de transformar a história de uma empresa ou até banir a sua existência.

Um exemplo conhecido e recente de dados que não foram analisados corretamente e que levaram a decisões com perdas astronômicas é o das TVs 3D, que surgiram em 2010 e logo foram rejeitadas por não atingirem a experiência que os usuários já haviam vivenciado nos cinemas. Elas possuíam óculos não anatômicos, pouco práticos e desconfortáveis, sendo essa uma das principais barreiras para adoção em massa da tecnologia. Além do mais, o ecossistema que deveria apoiar o crescimento dessa tendência também não respondeu à altura e em tempo, não sendo capaz de produzir material suficiente para o consumo dos usuários. Isso tudo, somado ao preço elevado, não condizia com os benefícios esperados pelos consumidores.

Afinal, como tudo isso está relacionado à observabilidade?

A observabilidade tem como fruto os dados gerados por nossa infraestrutura, sistemas ou por aplicações em suas mais diversas camadas. Uma vez que conseguimos entender o comportamento do sistema em sua total profundidade, conseguimos aplicar melhorias contínuas tanto para o sistema em si quanto para o negócio. E aqui estamos falando do termo utilizado pelo mercado: visão *end to end*. A observabilidade foca em tecnologia, passando também a trazer a junção do negócio e do cliente nesse ecossistema complexo, mas de extrema importância.

Voltando à análise de dados, será que os dados foram analisados de maneira adequada no caso das TVs 3D? Será que foram estudados e entendidos com profundidade o comportamento dos usuários, o poder de processamento das imagens das televisões, a tecnologia empregada e a complexidade do ecossistema para manter os clientes fiéis? Afinal, aqui não estamos falando apenas de uma camada de dados, mas de diversas estruturas, internas e externas, que afetaram o sucesso desse produto.

Ainda tem dúvidas de que dados são valiosos? Faça uma breve pesquisa no Google e procure notícias sobre vazamentos de informações que aconteceram de maneira massiva. Esses dados podem ser utilizados e manipulados para que candidatos possam vencer eleições – com base em suas preferências e publicações, é possível criar tendências, cometer crimes cibernéticos, roubar identidades e uma infinidade de possibilidades que levaríamos um bom tempo para citar. Anteriormente os ladrões roubavam bancos pensando no objeto material ou no dinheiro alheio; hoje estamos falando de roubo de dados e informações.

Com a inteligência artificial isso se torna ainda mais arriscado: sons e imagens podem ser manipulados, e, somados a alguns dados adquiridos em redes sociais ou em algum vazamento massivo, é possível se passar por outra pessoa e cometer crimes que deixam poucos rastros. Por isso foi criada a Lei Geral de Proteção de Dados (LGPD), que entrou em vigor oficialmente em 18 de setembro de 2020 e cujas disposições e sanções foram aplicadas a partir de agosto de 2021.

Observabilidade não está apenas relacionada a *logs*, métricas e *tracing* – o conceito precisa ir muito mais além quando estamos falando de dados. É com a observabilidade que podemos entender e encontrar vulnerabilidades em nossos sistemas, detectando padrões de comportamentos anômalos, rastreando transações através do fluxo de dados e identificando pontos de melhoria.

Depois de tanta informação de correlacionamento entre os cenários de observabilidade e dados, vamos costurar os termos e entender onde existe uma convergência entre eles.

Agora é a hora. Vamos garimpar, mãos à obra!

Pensando no fluxo do desenvolvimento de um sistema, temos o início de tudo na necessidade capturada de forma inovadora ou seguindo apenas uma tendência de mercado. Isso é traduzido por um gerente de produtos que passa a necessidade para o time de engenharia, mas não sem antes especificar as funcionalidades do produto novo, que precisa atingir um determinado público-alvo que possui necessidades específicas já compreendidas e estudadas pelo time de marketing interno da empresa.

Sendo assim, após reuniões de entendimento junto com o time do produto, e em busca de atingir os requisitos para o nascimento daquele produto, os engenheiros iniciam o processo de desenvolvimento. O produto em questão já deve nascer observável, pensando em métricas, *logs* e rastreamento de transações, seus gargalos, erros e comportamentos inesperados, evitando assim um retrabalho posterior.

Os engenheiros devem dar condições para que os dados falem por si durante uma necessidade de rastreamento de transações, deixando assim o fluxo do sistema claro e não obscuro, permitindo que os alertas sejam acionados quando necessário e determinando quais eventos devem ser registrados (*log*) para depuração em caso de uma crise ou em necessidades identificadas por um processo de auditoria. Lembre-se: se os dados não forem produzidos na concepção desses serviços, sistemas ou aplicações, será necessário um retrabalho para que os sinais sejam emitidos, recepcionados e filtrados em seguida.

Classificando dados

Podemos dizer "separando o joio do trigo". Não adianta garimpar onde não temos terreno propício, portanto temos que entender a fonte de onde os dados serão extraídos, filtrar e higienizar, reduzindo ruídos que possam ter sido adquiridos ao longo da história dos sistemas e das aplicações.

Os dados podem ser classificados como:

- ✓ **Estruturados:** dados organizados de maneira mais tradicional, dentro de uma tabela com linhas e colunas, contidos em banco de dados relacionais.
- ✓ **Dados não estruturados:** como o próprio nome já diz, não possuem uma estrutura predefinida e podem ser de diversos tipos, como texto, imagens, vídeos etc.
- ✓ **Dados semiestruturados**: são uma mistura dos dois conceitos anteriores, mas *tags* ou outro tipo de marcador que ajudam a hierarquizar e a criar uma certa associação entre os dados. Exemplos: JSON, XML etc.
- ✓ **Dados temporais:** possuem algum componente relacionado ao tempo, como *logs* e sequência de ações.
- ✓ **Dados espaciais**: são aqueles que apresentam algum componente geográfico. Exemplo: mapas, geolocalização etc.
- ✓ **Dados de *streaming***: dados que são enviados em tempo real e em pequenos tamanhos (*kilobytes*), gerados de maneira contínua por milhares de fontes.

Conclusão

Em meio a uma mina de ouro digital, que são os dados, estamos rodeados de informações valiosas que precisam ser garimpadas e filtradas, para que consigam nos mostrar caminhos e nos direcionar na tomada de decisão. Através dessa curadoria dos dados conseguimos otimizar processos, trazer a hiperpersonalização e garantir a relevância de nossos produtos e serviços.

Estamos mergulhando em uma jornada sem precedentes que, com certeza, precisará de diversos balizadores – dentre eles, os dados garimpados.

5. Observabilidade em linha com as determinações da LGPD e do Marco Civil da Internet

Rogerio Castro Rodrigues

Neste livro, exploramos a observabilidade de maneira abrangente, destacando a diversidade de ferramentas disponíveis para aprimorar nossa capacidade de compreender, diagnosticar e otimizar o desempenho dos sistemas no nosso cotidiano. Observamos uma evolução significativa nesse conjunto de ferramentas nas últimas duas décadas, que trouxe mais robustez ao processo de monitoramento. Contudo, será que apenas o arsenal de ferramentas evoluiu?

Uma transformação notável nesse período foi a mudança de paradigma na captura de *logs*. Anteriormente, o foco era nas necessidades dos sistemas e nos padrões internos da empresa. Atualmente, consideramos também outros atores importantes, como os clientes e o sistema judiciário.

Desde o final dos anos 1990, a comunidade global tem debatido o aumento dos crimes digitais e a exposição de dados dos usuários. Ao longo dos anos, vários países desenvolveram legislações para combater esses crimes e proteger os dados dos cidadãos. Um exemplo marcante é o Regulamento Geral sobre a Proteção de Dados (GDPR), que entrou em vigor na União Europeia em 2018, após tramitação desde 2012. Esse regulamento inspirou diversos países a adotarem legislações semelhantes.

No Brasil, destacam-se o Marco Civil da Internet e a Lei Geral de Proteção de Dados (LGPD) como marcos regulatórios importantes.

Agora, é crucial compreender como esses desenvolvimentos alteraram nossas práticas de captura de *logs* e nossas responsabilidades enquanto desenvolvedores e administradores de sistemas.

Marco Civil da Internet

Vamos olhar um pouco mais de perto a Lei do Marco Civil da Internet (Lei nº 12.965), sancionada em 23 de abril de 2014, que estabelece princípios, direitos e deveres para o uso da internet no Brasil. Essa lei foi a primeira tentativa do governo de regular o uso da internet no país e determina as diretrizes para a atuação da União, dos estados, do Distrito Federal e dos municípios em relação à matéria. Para garantir um ambiente *on-line* aberto, seguro, transparente e respeitoso dos direitos fundamentais dos usuários, a Lei do Marco Civil da Internet estabelece sete princípios fundamentais:

1. **Neutralidade da rede:** garante que os provedores de acesso à internet tratem todos os dados de forma igual, sem discriminação ou priorização de tráfego, assegurando a igualdade de acesso aos serviços *on-line*.
2. **Privacidade:** protege a privacidade dos usuários, estabelecendo regras para coleta, armazenamento e compartilhamento de dados pessoais na internet. As empresas são obrigadas a seguir práticas transparentes e seguras em relação aos dados dos usuários.
3. **Liberdade de expressão:** preserva a liberdade de expressão na internet, assegurando que os usuários tenham o direito de expressar suas opiniões sem censura prévia. No entanto, a lei estabelece limites em casos de violações de direitos de terceiros.
4. **Guerra cibernética:** estabelece princípios relacionados à segurança da internet, afirmando que a utilização da rede deve respeitar a estabilidade, a segurança e a funcionalidade da rede, bem como a preservação da integridade, autenticidade, confidencialidade e disponibilidade das informações.
5. **Guarda de registros (*logs*):** define regras para a guarda de registros de conexão e de acesso às aplicações de internet, permitindo que essas informações sejam utilizadas apenas para fins de investigação criminal ou proteção da segurança do usuário.
6. **Responsabilidade por danos causados por conteúdo gerado por terceiros:** determina que provedores de aplicações na internet não são responsáveis civilmente por danos decorrentes de conteúdo gerado por terceiros, a menos que descumpram ordem judicial específica.
7. **Padrões abertos e interoperabilidade:** favorece o uso de padrões abertos e promove a interoperabilidade entre diferentes aplicações e sistemas, contribuindo para a promoção da inovação e concorrência no ambiente *on-line*.

Apesar desses princípios serem amplos e focarem em todos os aspectos que envolvem a interação entre usuários e a internet, já podemos perceber que há um forte direcionamento no que se refere à privacidade e à rastreabilidade do usuário. E é aqui que temos que nos atentar em como coletar dados e gravar os *logs*.

Para isso, foram criadas normas específicas que visam equilibrar a necessidade de retenção de registros para fins de segurança e investigação criminal, com a proteção da privacidade e dos direitos individuais dos usuários:

1. **Guarda de registros (*logs*):** o Marco Civil da Internet, em seu artigo 15, determina que os provedores de conexão à internet e de aplicações de internet mantenham os registros de conexão e de acesso às aplicações, sob sigilo e em ambiente controlado, pelo prazo de um ano.
2. **Proteção da privacidade:** a norma estabelece que a guarda e disponibilização desses registros devem preservar a privacidade, a inviolabilidade e o sigilo das comunicações, nos termos da lei.
3. **Ordem judicial:** o acesso aos registros só poderá ser realizado mediante ordem judicial, nas hipóteses e na forma que a lei estabelecer, o que significa que a obtenção e utilização desses registros estão sujeitas à autorização judicial, garantindo o respeito aos direitos fundamentais dos usuários.
4. **Finalidade específica:** a utilização dos registros de conexão e de acesso a aplicações deve atender a finalidades específicas, como investigação criminal ou proteção da segurança do usuário, conforme previsto na legislação.
5. **Prazo de guarda:** o prazo mínimo de guarda dos registros é de um ano, conforme mencionado no artigo 15. Esse período tem como objetivo permitir o acesso às informações em caso de necessidade para investigações ou garantia da segurança digital.

Lei Geral de Proteção de Dados (LGPD)

A LGPD (Lei nº 13.709) foi sancionada um pouco depois do Marco Civil, em 14 de agosto de 2018, com o objetivo de proteger os direitos fundamentais de liberdade e de privacidade de cada indivíduo.

Diferentemente do Marco Civil da Internet, que tem como missão tratar questões relacionadas à interação do usuário com a internet, como neutralidade, liberdade de expressão e outros, a LGPD se aprofunda no tratamento e na guarda de informações pessoais em meios físicos ou digitais.

Para entender melhor, precisamos conhecer os dez princípios fundamentais da Lei Geral de Proteção de Dados (LGPD):

1. **Finalidade:** o tratamento dos dados deve ocorrer para propósitos legítimos, específicos, explícitos e informados ao titular, sem possibilidade de tratamento posterior de forma incompatível com essas finalidades.
2. **Adequação:** a compatibilidade do tratamento deve ocorrer conforme as finalidades informadas ao titular, de acordo com o contexto do tratamento.
3. **Necessidade:** o tratamento deve se limitar à realização de suas finalidades, com abrangência dos dados pertinentes, proporcionais e não excessivos.
4. **Livre acesso:** é a garantia dada aos titulares de consulta livre, de forma facilitada e gratuita, à forma e à duração do tratamento, bem como à integralidade de seus dados pessoais.
5. **Qualidade dos dados:** é a garantia dada aos titulares da exatidão, clareza, relevância e atualização dos dados, de acordo com a necessidade e para o cumprimento da finalidade de seu tratamento.
6. **Transparência:** é a garantia dada aos titulares de que terão informações claras, precisas e facilmente acessíveis sobre a realização do tratamento e os respectivos agentes de tratamento, observados os segredos comercial e industrial.
7. **Segurança:** trata-se da utilização de medidas técnicas e administrativas qualificadas para proteger os dados pessoais de acessos não autorizados e de situações acidentais ou ilícitas de destruição, perda, alteração, comunicação ou difusão.
8. **Prevenção:** compreende a adoção de medidas para prevenir a ocorrência de danos por causa do tratamento de dados pessoais.
9. **Não discriminação:** sustenta que o tratamento dos dados não pode ser realizado para fins discriminatórios, ilícitos ou abusivos.
10. **Responsabilização e prestação de contas:** demonstração, pelo Controlador ou pelo Operador, de todas as medidas eficazes e capazes de comprovar o cumprimento da lei e a eficácia das medidas aplicadas.

Ao analisar os princípios e as diretrizes da LGPD, entendemos que elas estabelecem regras para o tratamento de dados pessoais e que, ao gravar *logs*, é mandatório garantir a privacidade e segurança das informações registradas, incluindo a necessidade de consentimento e a transparência no uso dos dados.

Se aprofundarmos um pouco mais na lei sancionada, podemos observar que temos artigos que influenciam diretamente na gravação de *logs*, garantem os direitos dos titulares e determinam a responsabilidade das organizações. Vamos conhecer alguns deles.

Tabela 5.1. Artigos da LGPD relacionados a *logs*.
Fonte: o autor.

Gravação de *logs*	Direitos dos titulares	Responsabilidade das organizações
Artigo 7º: estabelece as bases legais para o tratamento de dados pessoais, exigindo que a gravação de *logs* esteja em conformidade com pelo menos uma dessas.	Artigo 6º, VI: os titulares têm o direito de ser informados de maneira clara e completa sobre o tratamento de seus dados pessoais ao serem registrados nos *logs*.	Artigo 6º: as organizações devem assegurar que a gravação de *logs* esteja fundamentada em uma base legal específica e, em alguns casos, requerer o consentimento dos titulares.
Artigo 11: estabelece bases legais para os tratamentos de dados pessoais sensíveis.	Artigo 9º: os titulares têm o direito de acessar os dados pessoais que foram registrados nos *logs*, podendo solicitar informações sobre seu tratamento.	Artigo 9º: as organizações devem ser transparentes quanto às práticas de gravação de *logs*, informando de maneira clara e acessível sobre o propósito, a natureza e o tratamento dos dados.
Artigo 12: define que os dados anonimizados não serão considerados dados pessoais para os fins desta lei, desde que estes não possam ser revertidos.	Artigo 18: caso identifiquem imprecisões nos *logs*, os titulares têm o direito de solicitar a correção de seus dados pessoais.	Artigo 46: é responsabilidade das organizações implementar medidas adequadas para garantir a segurança e a confidencialidade dos dados registrados nos *logs*.
Artigo 33: aborda a transferência internacional de dados pessoais, sendo relevante se os *logs* são compartilhados ou acessados por entidades fora do território nacional.	Artigo 18: os titulares podem solicitar a exclusão de seus dados pessoais registrados nos *logs*, desde que cumpridos os prazos de retenção legalmente estabelecidos.	Artigo 6º, X: as organizações devem adotar medidas para garantir a conformidade com a LGPD, incluindo a prestação de contas sobre o tratamento de dados registrados nos *logs*.

Esses artigos apresentam responsabilidades que, se cumpridas, contribuem para um ambiente de tratamento de dados pessoais mais transparente, ético e seguro.

Práticas para a gravação de *logs*

Agora que estamos entendendo as normas do Marco Civil da Internet e da LGPD, podemos nos aprofundar em algumas práticas fundamentais, para que a gravação de *logs* esteja em conformidade legal.

Tabela 5.2. Práticas de captura.
Fonte: o autor.

Planejar captura de *logs* obrigatórios de conexão	Planejar captura de *logs* obrigatórios de acesso à informação	Definir as finalidades específicas de captura de *logs*
Conexão: **- Endereço IP do usuário.** **- Data e hora de conexão.** **- Duração da conexão.** **- Identificação do dispositivo utilizado.** **- Localização geográfica da conexão.**	Identificação do usuário (caso esteja logado). - Data e hora do acesso. - Ações realizadas dentro da aplicação. - Endereço IP do usuário. - Tipo de dispositivo e navegador utilizado. - Qualquer outra informação relevante para a segurança e a integridade do sistema.	Especificar propósito de captura: - Definir o prazo para armazenamento e tratamento dos dados. - Definir atributos a serem capturados considerando os conceitos de minimização[1]. - Detalhar necessidades de compartilhamento dos dados. - Definir critérios de expurgo.

Tabela 5.3. Práticas que garantem os direitos do titular.
Fonte: o autor.

Definir obtenção de consentimento	Definir práticas de privacidade	Garantir direitos do titular
- Especificar forma de captura (ex.: comunicação direta, *pop-ups* de consentimento, uso de caixas de seleção etc.). **- Especificar armazenamento desse consentimento.** **- Detalhar as estratégias de solicitação de novo consentimento em caso de vencimento e/ou alteração.**	- Definir critérios de segurança para os dados capturados. - Garantir acesso controlado, considerando aspectos legais e direitos do titular.	- Definir critérios para acesso ao dado pelo titular. - Definir formas de alteração e correção dos dados pelo titular. - Definir formas de exclusão pelo titular. - Definir formas de compartilhamento solicitadas pelo titular.

Entendendo esses princípios, fica claro que a gravação de *logs* deve ser planejada na fase de desenho do projeto, garantindo assim a correta adoção das regras vigentes nas legislações citadas.

Medidas essenciais de segurança

Citada anteriormente como uma prática essencial, a segurança é um aspecto fundamental que garante a proteção à privacidade dos usuários e a integridade dos dados. Conforme a legislação vigente, o não cumprimento pode resultar em penalidades significativas.

[1] **Minimização** é um princípio onde se busca garantir que serão mantidos somente os dados estritamente essenciais. Adotar esse conceito, além de garantir uma privacidade aprimorada e conformidade legal, contribui para o fortalecimento da confiança com o cliente e para um uso eficiente dos recursos.

Entre as medidas mais comuns de segurança, temos o controle de acesso baseado em função, autenticação forte, criptografia, integração com sistemas de IAM (*Identification and Access Management*), entre outros.

Além das medidas de segurança citadas, podemos ressaltar a importância da anonimização. Quando um dado é anonimizado, ele perde seu caráter de dado pessoal e consequentemente deixará de ser regido pelas normas da LGPD.

Essa prática vem sendo muito utilizada pelo mercado, e a correta adoção das estratégias existentes é um fator determinante de sucesso.

Entre as estratégias, a que mais se destaca é a ***pseudonimização***, que consiste em substituir identificadores diretos por códigos ou pseudônimos, com a possibilidade de reverter esse processo por meio de uma chave de correspondência devidamente armazenada de forma segura.

Essa estratégia torna-se especialmente relevante quando precisamos distinguir os valores dos dados, mantendo a capacidade de reversão, mas sem reter qualquer característica explícita do dado original. Em outras palavras, queremos preservar a utilidade dos dados sem comprometer a privacidade.

Vale ressaltar que, em um ambiente onde se aplica a pseudonimização, os dados sensíveis são armazenados separadamente, seguindo rigorosamente as normas estabelecidas pela LGPD. Por outro lado, os demais dados podem ser tratados de forma menos restritiva.

Agora vamos conhecer outras estratégias:

1. **Remoção de identificadores:** quando o campo de identificação não é necessário, este pode ser removido.
2. **Agrupamento:** agrupar os dados visando aumentar o nível de generalização torna difícil a identificação de indivíduos específicos.
3. ***Data masking***: esconder partes específicas dos dados, como os últimos dígitos de um número de cartão de crédito, enquanto mantém a integridade geral dos dados.
4. **Randomização:** introduzir ruído ou variação nos dados de forma a tornar difícil a identificação de informações específicas sobre um indivíduo.

Retenção e descarte de *logs*

Entender o prazo de retenção de *logs* é crucial, principalmente quando se considera a lei do Marco Civil da Internet. De acordo com essa legislação, temos a responsabilidade de armazenar os dados de acesso por um período de um ano. Para outras finalidades, a retenção deve seguir rigorosamente o que foi declarado no momento do consentimento do titular.

No momento do descarte, escolher a estratégia certa para o seu cenário é essencial. Em alguns casos, quando queremos evitar que dados possam ser utilizados mesmo após o descarte, podemos adotar técnicas como criptografia, desidentificação, anonimização e pseudonimização. Essas práticas garantem que, caso os dados sejam recuperados, não seja possível identificar seu titular.

Se a prioridade é assegurar que o descarte seja irreversível, existem abordagens como o descarte seguro de mídia física, a aplicação da técnica de sobrescrita múltipla dos dados ou o uso de ferramentas especializadas.

Conclusão

A prática da gravação de *logs* é vital para garantir a observabilidade em nossos projetos, mas sua implementação requer uma abordagem ética e legal, especialmente para aqueles que estão começando nesse caminho técnico.

Ao lidar com dados capturados, é crucial considerá-los como um tesouro que precisa ser protegido. Isso significa garantir sua segurança durante o armazenamento e o acesso, obter o consentimento por meio de uma comunicação clara e transparente do titular dos dados, e restringir a retenção dos dados estritamente ao período consentido.

A busca por um equilíbrio entre a segurança dos dados, a privacidade do usuário e a eficiência operacional da empresa nos leva à prática da anonimização. Essa abordagem visa dar segurança e privacidade aos dados dos usuários, simplificar a governança e auditoria e reduzir a complexidade.

Para enfrentar esses desafios, é essencial incorporar as medidas técnicas adequadas. A transparência, o respeito à privacidade e a responsabilidade são princípios fundamentais que guiam nossas ações sobre questões éticas e legais relacionadas à gravação de *logs*. Este capítulo oferece um ponto de partida acessível para aqueles que desejam entender e implementar boas práticas desde o início.

6. Modelos estatísticos para redução de incertezas (desvio padrão, 95 percentil e *baseline*)

Everton Juniti Ogura

Introdução

Modelo estatístico é um assunto denso que, dependendo do caso aplicado, pode revelar aspectos complexos. Para abstrair sua complexidade e orientar um formato simples, este capítulo abordará situações diárias, incluindo exemplos reais de observabilidade, introduzindo uma didática mais intuitiva.

Antes de abordar conceitos estatísticos, é importante entender o problema que iremos resolver, para dar sentido aos números, facilitando sua interpretação. Não somente de onde vêm os números ou como serão exibidos, mas principalmente o que os números em si nos dizem.

Em observabilidade os números podem nos indicar (entre muitas coisas) comportamentos de um sistema, comportamentos de quem utiliza o sistema, além de trazer indícios de mudança desses comportamentos e outros *insights* poderosos.

Os eventos técnicos que podem revelar números quantificáveis e qualificáveis são diversos. Vejamos alguns exemplos reais:

- ✓ Erros ou exceções inesperadas.
- ✓ Aumento do consumo de recursos computacionais, como uso de CPU, memória RAM e rede.
- ✓ Aumento no custo do uso de recursos de cloud em situações de pico.
- ✓ Latência de sistemas distribuídos, com fluxos síncronos (ex.: banco de dados e APIs) ou assíncronos (ex.: mensageria em fila).

A gama de itens observáveis é extensa e pode nos ajudar com decisões ou prevenir a indisponibilidade dos sistemas. Um bom exemplo sobre isso é a oportunidade de reduzir recursos disponíveis de um sistema. O que acontece se a quantidade de clientes utilizando esse sistema dobrar de "x" para "2x"? Como eu consigo configurá-lo para escalar automaticamente, caso a demanda aumente, sem risco de indisponibilidade?

Dada essa problemática, serão introduzidas reflexões para orientar o raciocínio lógico e ao mesmo tempo suportar o entendimento do conceito necessário sobre modelos estatísticos, permitindo um entendimento orgânico de sua relação com práticas de observabilidade.

A estatística da coisa

Em uma situação real nós não olhamos para modelos estáticos em busca de determinar se o evento ou comportamento observado é bom ou ruim, apesar da recomendação de Majors, Fong-Jones e Miranda (2022, p. 88, tradução nossa):

> *(...) requerem que você tenha observabilidade para 'detectar quando o sistema está normal e quando desvia daquele estado-estável...'.*

Nosso modelo cognitivo julga o evento/comportamento observado, para determinar se este é bom ou ruim. Esse julgamento é baseado em comparações sobre referencial histórico, que pode ser variável e subjetivo para cada observador. O uso estatístico dos dados nos ajudará tanto a encontrar o estado normal quanto a qualificar o evento observado como bom ou ruim.

Dessa forma, a reflexão fundamental é: como determinar o estado normal e o desvio de um sistema?

Partiremos da premissa de que o sistema alvo de observação já compreenda a externalização de seu estado com *logs* e métricas, permitindo aferição numérica de eventos e comportamentos.

Colecionar dados externalizados pelo sistema em séries históricas permitirá estabelecer uma linha de base (*baseline*) para construir modelos estatísticos.

Por meio dos *logs*, é possível realizar análises em busca de um diagnóstico que responda à seguinte pergunta: qual é o estado do meu sistema?

Como ponto de partida, assume-se um exemplo simples: um sistema composto por um banco de dados, uma API que serve como *backend* para consultar esse banco de dados e um API *gateway*, que ficará na frente do *backend* API para orquestrar e normalizar as chamadas.

Imagine que o API *gateway* grave *logs* de todas as requisições que recebe, bem como suas respectivas respostas, além da métrica RTT (*Round-Trip Time*) e o *HTTP Status Code* das respostas. Para simplificar, considere um agrupamento dos diversos *HTTP Status Code* em três categorias: sucesso (2xx), regra de negócio (4xx), e erro técnico (5xx).

É possível medir duas coisas interessantes nesse exemplo: o tempo que leva entre requisitar a API e ter uma resposta; e a quantidade de respostas 2xx (sucesso), 4xx (regra de negócio) e 5xx (erro técnico). Segue exemplo de uma tabela com números fictícios dessas duas dimensões:

Tabela 6.1. Média de tempos de resposta e quantidade de respostas 2xx, 4xx e 5xx – por hora. Fonte: o autor.

	9:00	10:00	11:00	12:00	13:00	14:00	15:00	16:00
Tempo	104	86	102	106	117	117	130	124
2xx	200	220	215	210	205	220	225	230
4xx	10	12	11	15	14	13	12	11
5xx	5	4	6	3	2	4	5	3

Nesse caso, foi utilizada intencionalmente a aritmética de "média" para determinar o tempo de resposta. Para alcançar uma maior compreensão e aprofundar a análise de diagnóstico, avalie os dados absolutos sem a ponderação por "média" aritmética:

Tabela 6.2 Medição de tempos de resposta – por hora. Fonte: o autor.

Medição	9:00	10:00	11:00	12:00	13:00	14:00	15:00	16:00
1	95	75	90	90	102	106	118	98
2	97	77	93	96	105	108	118	105
3	97	80	98	97	112	111	123	122
4	98	84	99	99	115	111	125	124
5	104	85	102	103	116	118	128	125
6	105	89	102	109	118	118	129	125
7	106	90	105	111	121	121	133	128
8	107	90	106	112	123	124	138	133
9	115	97	108	118	127	124	140	140
10	115	98	119	128	130	125	143	140

Nesse novo exemplo, são observadas várias medições que não parecem lineares, ou seja, não há um padrão de aumento ou diminuição linear conforme passa o tempo. Segundo Larson (2023, p. 135):

> *Algumas características importantes que devem ser consideradas quando organizamos e descrevemos um conjunto de dados são seu centro, sua variabilidade (ou dispersão) e sua forma.*

Com o objetivo de determinar o centro, a variabilidade e a forma das medições apresentada na Tabela 6.2, será usada a proposta de Bussab e Morettin (2017), que recomenda aplicação dos métodos desvio padrão e variância para comparar conjuntos de diferentes valores, permitindo aferir a dispersão de dados em vez de média aritmética.

Fórmulas e cálculos

Antes de aplicar o método é importante revisar as fórmulas matemáticas da média, do desvio médio e da variância:

Tabela 6.3. Fórmulas matemáticas de média aritmética, variância e desvio padrão. Fonte: adaptado de Bernstein; Bernstein (1999).

$\bar{x} = \frac{\sum_{i=1}^{n} x_i}{n}$	$\sigma^2 = \frac{\sum_{i=1}^{N} (x_i - \mu)^2}{N}$	$\sigma = \sqrt{\frac{\sum_{i=1}^{N} (x_i - \mu)^2}{N}}$
Média aritmética	**Variância**	**Desvio padrão**

Observe a fórmula da variância e perceba que a soma dos elementos é elevada à segunda potência, dividida pela quantidade do conjunto de dados. Segundo Morettin e Bussab (2017), isso pode causar problemas de interpretação, portanto costuma-se usar o desvio padrão definido pela raiz quadrada positiva da variância.

Vamos aplicar o método proposto no conjunto amostral das 09:00, representado na Tabela 6.4:

Tabela 6.4. Medições das 09:00h do exemplo. Fonte: o autor.

Medições	95	97	97	98	104	105	106	107	115	115

O primeiro passo consiste na **média aritmética**, ou seja, a soma dos valores do conjunto dividida pela quantidade de números do conjunto:

$$\frac{95 + 97 + 97 + 98 + 104 + 105 + 106 + 107 + 115 + 115}{10} => \frac{1039}{10} => 103{,}9$$

O segundo passo é o cálculo da variância. Para cada uma das medições subtrai-se a média, eleva-se à segunda potência e a somatória é dividida pela quantidade de medições, conforme tabela:

Tabela 6.5. Medições das 09:00h do exemplo.
Fonte: o autor.

Medições	95	97	97	98	104	105	106	107	115	115
Distância (medição – média)	-8,9	-6,9	-6,9	-5,9	0,1	1,1	2,1	3,1	11,1	11,1

$$\frac{-8{,}9^2 + -6{,}9^2 + -6{,}9^2 + -5{,}9^2 + 0{,}1^2 + 1{,}1^2 + 2{,}1^2 + 3{,}1^2 + 11{,}1^2 + 11{,}1^2}{10} =>$$

$$\frac{79{,}21 + 47{,}61 + 47{,}61 + 34{,}81 + 0{,}01 + 1{,}21 + 4{,}41 + 9{,}61 + 123{,}21 + 123{,}21}{10} => \frac{470{,}9}{10} =>$$

$$47{,}09$$

Por fim, calcula-se o **desvio padrão** fazendo a raiz quadrada da variância:

$$\sqrt{47{,}09} = \mathbf{6{,}86}$$

Dessa forma, observa-se a média de **103,9** e o desvio padrão de **6,86** para este exemplo, permitindo uma representação gráfica de distribuição:

É possível reproduzir a mesma memória de cálculo para outros conjuntos de horário, ou mesmo fazer os cálculos com todas as medições de todos os horários da Tabela 6.2.

Na vida real, recomenda-se utilizar ferramentas que reproduzam os cálculos automaticamente, bem como a representação gráfica. No exemplo apresentado, é possível observar que as medições 95 e 115 estão categorizadas na área com menor densidade, sendo que 115 está mais discrepante. Segundo Larson (2023, p. 221):

> *Um outlier é um valor que está muito afastado dos demais valores do conjunto de dados.*

O desvio padrão ajuda a compreender o quanto as medições estão mais próximas ou distantes da média, apoiando no entendimento da dispersão das medições.

Exercitando

A partir deste ponto evoluímos consideravelmente a busca pela resposta para a pergunta: como é possível identificar o estado normal e o desvio de um sistema?

No exemplo das medições do horário das 09:00, é possível concluir que a medição de 115 é um valor com maior distância em relação à média, funcionando como um *outlier* para dispersão geral, podendo ser identificado com o método percentil, conforme orientado por Larson (2023, p. 221):

> *Os percentis são geralmente usados nas áreas relacionadas à saúde e educação, para indicar como um indivíduo se compara a outros em um grupo. Os percentis também podem ser usados para identificar valores excepcionalmente altos ou baixos.*

DEFINIÇÃO

Para encontrar o **percentil que corresponde a um valor específico *x*,** use a fórmula:

$$\textbf{Percentil de } x = \frac{\textbf{número de elementos menores que } x}{\textbf{número total de elementos}}\ x\ \textbf{100}$$

e então arredonde o resultado para o valor inteiro mais próximo.

Figura 6.1. Fórmula para cálculo de percentil.
Fonte: adaptado de Larson (2023).

Ao aplicar o método percentil aos valores da Tabela 6.5, tem-se o resultado P80:

Percentil de 115: $\frac{\textbf{número de elementos menores que 115}}{\textbf{número total de elementos}}\ x\ 100 \Rightarrow 8\ x\ 100 \Rightarrow$ 0,8 x 100 => 80.

Logo, o percentil de 115 é P80.

O P80 está na oitava posição da tabela de exemplo do horário das 09:00 – quando ordenada, obtém-se o valor 107. Então o P80 compreende todos os valores da menor medição (95) até a medição 107.

Conclusão

Revisamos os principais modelos matemáticos que suportam os mais comuns relatórios de observabilidade. Na vida real pode haver milhares ou milhões de medições em um conjunto amostral; entender como isso se conecta, e como interpretar as informações, permite maior profundidade em análises de diagnóstico para corrigir ou antecipar eventuais desvios. Além de correlacionar as causas e suas consequências, é possível identificar seus respectivos gatilhos, desde a falta de recursos, como CPU, memória RAM, I/O, taxa de transferência de rede, até manobras de resiliência, como *throttling* e *rate limit*.

7. Monitoramento de alertas para um ambiente de TI livre de interrupções

Inaray Sales

A capacidade de antecipar problemas e responder prontamente às potenciais interrupções tornou-se imperativa para garantir a continuidade e eficiência dos negócios.

O monitoramento de alertas não se limita apenas à observação de métricas e painéis gigantes; ele abrange uma sequência de processos que vão garantir a identificação precoce de anomalias, comportamentos não usuais e sinais precursores de possíveis falhas após a implantação de alguma tecnologia.

Uma resposta rápida e bem orquestrada reduz o tempo de recuperação e preserva a integridade dos dados e a confiança dos usuários.

Quero explicar neste capítulo como garantir que seus times de monitoramento sejam montados e orientados com as melhores práticas, destacando estratégias para implementar uma detecção proativa eficaz e respostas eficientes diante de eventos críticos. Ao compreender a importância dessa abordagem, as organizações podem fortalecer a resiliência de seus ambientes de TI, promovendo uma operação mais estável e confiável.

Implementação de monitoramento

A primeira tarefa que você precisa fazer assim que decidir ter um monitoramento é se reunir com o time de negócios e responder às perguntas:

- ✓ O que você precisa monitorar?
- ✓ Quais são os principais negócios da sua empresa?
- ✓ O que não pode parar?
- ✓ Quais são os horários mais críticos para a operação dessa aplicação?
- ✓ O monitoramento precisa ser da infraestrutura e da aplicação?

✓ Você precisa monitorar a experiência do cliente e também os serviços de tecnologia?
✓ Quanto sua empresa vai investir no ambiente de monitoramento?

Tabela 7.1. Mapeamento de aplicações para implantação de monitoramento. Fonte: a autora.

Nome da aplicação	Descrição de negócio	Horário de funcionamento	Horário de pico	Criticidade	Alerta
Frontend	Atendimento aos clientes	07h às 18h	10h às 14h	P1 – Crítico	Fora do horário comercial
Backend	Atendimento caixas	09h às 16h	12h às 14h	P2 – Alto	Fora do horário comercial

Quando essas perguntas estiverem respondidas, vamos separar nossa implantação em três fases:

✓ Conceitos e processos
✓ Ferramentas
✓ Pessoas

Criar um documento com as suas necessidades de monitoramento já mapeadas vai permitir que você dimensione o tamanho da sua empresa, os tipos de monitoramento que você vai precisar implementar, os processos e quais pessoas precisa contratar. Claro, tudo isso está também ligado a quanto sua empresa quer investir (informação que você já vai ter levantado na primeira fase). Porém, tenho certeza de que você não terá qualquer dificuldade de demonstrar aos times de negócio que aplicar em monitoramento evitando quebra de serviços é INVESTIMENTO para continuidade do negócio e não uma despesa.

Se a empresa já possui um CMDB (repositório de informações de aplicação, infraestrutura e pessoas de tecnologia) atualizado, ficará mais fácil identificar a criticidade de cada aplicação, seus responsáveis e a importância para o negócio.

Tipos de monitoramento

Para você entender melhor a diferença entre eles, avaliar as ferramentas que existem no mercado e começar a desenhar os processos, vamos detalhar melhor os diferentes tipos de monitoramento.

Monitoramento de desempenho

O monitoramento de desempenho é um processo essencial para garantir o funcionamento eficiente e confiável de sistemas, aplicativos e infraestrutura de TI. Ao analisar de perto o desempenho, podemos olhar o tempo de resposta (ou seja, se existe lentidão para os clientes), a taxa de transações por segundo, o uso de recursos (CPU e memória), identificar gargalos e otimizar recursos, antecipando medidas proativas para melhorar a qualidade, a estabilidade e a capacidade de resposta dos nossos sistemas.

Monitoramento de disponibilidade

Todas as aplicações precisam ter definido o tempo em que vão ficar disponíveis para os clientes. É uma aplicação que fica 24x7 no ar? Ou tem horário para abrir e para fechar, como no caso de aplicações de lojas e bancos? O horário em que ela ficar disponível para o cliente precisa ser monitorado com todos os recursos. Por isso chama-se monitoramento de disponibilidade – mostra que a aplicação e todos os seus recursos estão 100% disponíveis para seus usuários e clientes.

Em caso de redução dessa disponibilidade, os times técnicos precisam ser acionados para analisar o ambiente e entender o que está baixando a disponibilidade. Nesse tipo de monitoramento podemos citar também os *health checks*, que são testes realizados no ambiente produtivo que "reproduzem" a trilha de um cliente, para ter certeza de que ele está obtendo 100% de disponibilidade. Geralmente são testes feitos após implementações ou mesmo durante alguns períodos do dia. Eles geram um alerta quando ocorre algum desvio.

Monitoramento de erros de execução

Esse monitoramento precisa de dedicação maior dos times de aplicação e infraestrutura porque permite identificar erros que as aplicações estão apresentando com códigos ou mesmo pequenas mensagens. Você já deve ter visto essa: "erro 400, ligue para o suporte". É necessário automatizar a captura desses erros, e para isso é essencial a implementação de uma biblioteca e de ferramentas para tal. Dependendo do tamanho da sua empresa e das suas aplicações, definir uma ótima esteira de desenvolvimento de aplicações que documente todos esses erros é prioridade.

Segurança

É extremamente estratégico nos tempos atuais ter um monitoramento que detecte proativamente ameaças de violações. Além das ferramentas específicas para esse tipo de monitoramento, essa equipe geralmente fica dentro do time de segurança da informação. Você pode analisar desvios nos fluxos de tráfego de redes, monitorando padrões suspeitos ou anormais que podem ser classificados como ataques e integrando dados de diferentes fontes, como IDS, *firewall*, sistemas de prevenção de intrusões e antivírus.

Experiência do cliente

Refere-se à percepção total que clientes têm da sua empresa ou marca, com base em todas as interações que podem ser feitas na sua aplicação. Não sei se você já pensou nisso, mas reflita: quando não gosta de alguma marca, você fala mal dela para quantas pessoas? Uma experiência do cliente positiva é primordial para construir fidelidade e retenção de clientes, além de ser um diferencial competitivo importante no mercado atual. Nesse ponto, é um grande diferencial a área de tecnologia entender de negócio e o negócio entender de tecnologia.

Melhorar a CX requer uma compreensão profunda das necessidades, dos desejos e das percepções dos clientes, bem como a implementação estratégica de práticas em todos os pontos de contato.

Aqui podemos absorver pesquisas e *feedback*, utilizando ferramentas que fazem a captação nas redes sociais e nos canais de atendimento. Podemos também utilizar clientes que, por descontos nos serviços, servem de "testadores" e relatam qualquer desvio nas suas aplicações.

Claro, também temos ferramentas que fazem essa análise e trazem métricas da experiência do cliente.

Geração de alertas e direcionamento

Caso você ainda tenha ficado com alguma dúvida, quero tranquilizá-lo: quando você começar a implantar seus alertas, vai naturalmente se questionar sobre qual tipo de monitoramento deve usar para cada aplicação.

O **alerta** ocorre quando determinado IC (Item de Configuração) atinge um *threshold* de limite de segurança operacional sem impacto para o funcionamento de um serviço.

Já **incidente** é qualquer evento que cause uma queda na qualidade dos serviços suportados por TI.

Se um alerta ainda não tem impacto no negócio, determine quando é um alerta. Para isso, você precisa estabelecer métricas e limites. O que não é "normal"?

Crie uma tabela de priorização x urgência e classifique os alertas. Esse trabalho é muito importante para que, quando o alerta ocorrer, os profissionais saibam se é algo crítico que já deve sair com um incidente criado ou se é apenas um alerta e tudo bem acionar o time do suporte após x tempo.

Segue um modelo de tabela de prioridade de alerta e urgência:

Tabela 7.2. Tabela de prioridade de alerta e urgência.
Fonte: a autora.

Priorização dos alertas	Tempo de atendimento	Tempo de solução
P1 – Alto	15 min	30 min
P2 – Crítico	30 min	60 min
P3 – Médio	60 min	90 min
P4 – Baixo	90 min	120 min

Essa classificação precisa estar alinhada com o time de negócios, pois eles vão estabelecer o impacto. Deve estar claro para todos quando o alerta vira um incidente.

Qual é a métrica que vai estabelecer que um alerta deve virar um incidente? Quanto tempo o alerta ficou em aberto? Que impacto está causando no cliente? Ou até mesmo que impacto os monitoramentos estão apresentando?

Depende do tipo de negócio da sua empresa e do grau de urgência com que as indisponibilidades precisam ser tratadas. Fiz consultoria em uma empresa onde o impacto era medido apenas pela reclamação dos clientes, ou seja, mesmo que os monitoramentos estivessem acusando 100% indisponível, se não houvesse nenhuma reclamação do cliente, o impacto era tratado como alerta e não como incidente.

E o inverso também é verdadeiro: os monitoramentos indicavam disponibilidade de 100% e os clientes estavam reclamando? Tínhamos que abrir incidente e não alerta. Nessa empresa, o que determinava se era um alerta ou um incidente era o impacto no cliente e não os monitoramentos.

Esse tipo de situação acontece quando os monitoramentos não estão bem configurados ou até mesmo quando não estamos monitorando pontos importantes das aplicações.

Ferramentas de monitoramento de aplicação e infraestrutura

Se estamos falando de monitoramento, conceitos e processos de alertas, precisamos mostrar algumas alternativas de ferramentas. Não quero aqui fazer apologia de qualquer uma das existentes no mercado, então vou classificar como Ferramenta 1, Ferramenta 2 e assim por diante e detalhar as que já utilizei no meu dia a dia corporativo.

Cada ferramenta será examinada em termos de sua usabilidade, funcionalidades, escalabilidade e integração com outros sistemas. Além disso, explorarei casos de uso específicos em que cada ferramenta se destacou, fornecendo percepções importantes sobre suas aplicações práticas.

Ferramentas de monitoramento de aplicação

As ferramentas de monitoramento de aplicações (APM – *Application Performance Monitoring*) focam em rastrear a saúde e o desempenho das aplicações, desde o *front-end* até o *back-end*, incluindo *web* e *mobile*.

- ✓ **Ferramenta 1:** oferece *insights* detalhados sobre o desempenho de aplicações *web* e móveis, permitindo que as equipes detectem e solucionem rapidamente problemas de desempenho.
- ✓ **Ferramenta 2:** utiliza inteligência artificial para monitorar automaticamente o desempenho de aplicações, serviços e infraestrutura, identificando a causa-raiz dos problemas de desempenho com precisão. Complexa para instalar com mão de obra cara no mercado, é uma ferramenta de alto custo, mas que promete alta entrega.
- ✓ **Ferramenta 3:** oferece monitoramento de desempenho de aplicações em tempo real, com visibilidade profunda na execução de aplicações e detecção automática de anomalias.
- ✓ **Ferramenta 4:** proporciona monitoramento de desempenho de aplicações em tempo real, com suporte a traçados distribuídos, para visualizar a latência de transações individuais através de microsserviços. Baixo custo e com profissionais especializados sobrando no mercado.

Ferramentas de monitoramento de infraestrutura

As ferramentas de monitoramento de infraestrutura (IM – *Infrastructure Monitoring*) concentram-se em rastrear a saúde, o desempenho e a disponibilidade de componentes de hardware e rede, como servidores, dispositivos de armazenamento e *switches*.

✓ **Ferramenta 1:** um sistema aberto e extensível que oferece monitoramento abrangente de servidores, *switches*, aplicações e serviços, com vastas opções de *plugins*.
✓ **Ferramenta 2:** uma solução de código aberto que suporta diversos tipos de monitoramento, incluindo por IPMI, JMX, SNMP e agentes personalizados.
✓ **Ferramenta 3:** focado no monitoramento de redes, mas também capaz de monitorar equipamentos de infraestrutura, como servidores e componentes de hardware, usando uma variedade de métodos, incluindo SNMP, WMI e fluxos.
✓ **Ferramenta 4:** especialmente popular em ambientes de contêineres e microsserviços, é uma ferramenta de monitoramento e alerta de código aberto que coleta e armazena métricas como séries temporais, oferecendo também uma poderosa linguagem de consulta.

Considerações na escolha de ferramentas

Integração: tão importante quanto escolher a ferramenta e fazer os processos é você levar em consideração a integração das ferramentas que vão monitorar o seu ambiente. Visões unificadas da saúde do ambiente facilitam muito tomadas rápidas de decisão. Além disso, a ferramenta de monitoramento precisa se integrar a alguma ferramenta de ITSM para registro de *ticket* de alertas e incidentes.

Sim, você precisa pensar nessa esteira se quiser que seu time de monitoramento funcione de forma saudável. E ter integração das ferramentas de monitoramento com a de ITSM vai lhe dar métricas que podem salvar seu negócio.

Escalabilidade: aqui é superimportante você saber o tamanho do seu parque de máquinas e de aplicações. Como escalar se a ferramenta não vem com a facilidade de instalação de agentes? Esse plano precisa estar associado ao desenho do time de monitoramento, porque se você não prever seu crescimento e não comprar ferramentas adequadas, vai certamente sofrer com aplicações que entram em produção e não têm monitoramento por falta de escalabilidade.

8. Por que *squads* têm dificuldade de implementar a observabilidade?

Karin Recchi

Como todos sabem, a observabilidade é uma prática importante para evoluir serviços e produtos de TI, mas muitas vezes *squads* enfrentam dificuldades em sua implementação. Neste capítulo vamos falar sobre essas dificuldades, a importância da cultura, as práticas, como implementá-las e como manter a observabilidade do serviço sempre atualizada.

O *squad*, na tradução para o português, significa esquadrão e é a menor unidade da organização ágil. Trata-se de uma equipe multidisciplinar que pode variar de seis a 12 profissionais que devem desenvolver de forma autônoma os projetos sob sua responsabilidade.

De acordo com Handscomb, Heyning e Woxholth (2019), essas equipes devem ter o conhecimento e as habilidades para alcançar os resultados desejados e, na medida do possível, uma missão que represente a entrega de ponta a ponta do fluxo de valor associado.

Squads e suas dificuldades com a observabilidade

Mas o que faz os *squads* terem dificuldades na implementação da observabilidade? Podemos considerar quatro pontos:

1. **Falta de ferramentas adequadas:** a implementação da observabilidade requer ferramentas adequadas para coletar e analisar dados de desempenho, *logs*, métricas, entre outros. Muitas vezes, as equipes de TI podem não ter acesso a essas ferramentas ou podem não ter as habilidades necessárias para implementá-las adequadamente. Segundo relatório da New Relic (2023), a maior barreira para alcançar a observabilidade é a falta de recursos – 38% dos entrevistados disseram que as plataformas de observabilidade são muito caras.

Mas a decisão de construir sua própria ferramenta ou comprar uma solução disponível depende da organização.

2. **Falta de conhecimento profundo do sistema/serviço:** a observabilidade requer um conhecimento profundo do sistema e dos seus componentes. Para uma implementação objetiva da observabilidade, é necessário ter um planejamento minucioso e também uma visão das necessidades dos usuários.
3. **Falta de colaboração entre as equipes:** a implementação da observabilidade requer colaboração entre os times. De acordo com Microsoft (2023), as plataformas de observabilidade proporcionam visibilidade compartilhada e acesso a dados, promovendo a cooperação entre diferentes equipes, como desenvolvedores, operações e suporte. Sem essa colaboração, a implementação da observabilidade pode ser fragmentada ou desorganizada.
4. **Falta de priorização/excesso de alertas:** a observabilidade pode ser vista como uma tarefa secundária ou opcional pelas equipes de TI, o que leva a sua não implementação ou implementação inadequada. O excesso também faz com que a ferramenta de Observabilidade produza muitos alertas, sobrecarregando os desenvolvedores.

Para superar essas dificuldades, é importante que os *squads* sejam capacitados com as ferramentas adequadas e o conhecimento necessário para implementar a observabilidade adequadamente. Além disso, a colaboração e a priorização devem ser incentivadas para garantir que a observabilidade seja uma prática integrada e contínua no desenvolvimento de serviços e produtos de TI.

Promovendo a cultura de observabilidade no *squad*

Adotar a cultura da observabilidade pode ser um desafio para os *squads*, mas existem algumas práticas que podem ajudar a promovê-la, tais como:

1. **Treinamento e capacitação:** é importante que os *squads* sejam treinados e capacitados em observabilidade, para que possam entender os benefícios da prática e como implementá-la adequadamente. O treinamento deve ser incentivado sempre se apoiando nos benefícios que a observabilidade pode trazer.
2. **Compartilhamento de conhecimento:** os *squads* devem compartilhar conhecimento e experiências sobre observabilidade, para que possam aprender juntos e promover uma cultura de colaboração em torno da prática.
3. **Incentivar a experimentação:** os *squads* devem ser incentivados a experimentar novas ferramentas e tecnologias de observabilidade, para que possam aprender sobre novas abordagens e práticas.

4. **Definir metas claras:** os *squads* devem definir metas claras para a implementação da observabilidade e comunicá-las a todas as partes interessadas. Isso ajuda a garantir que todos estejam alinhados sobre os objetivos da prática e trabalhem juntos para alcançá-los.
5. **Boas práticas:** sem isso, não é possível fazer um gerenciamento eficaz dos produtos. A padronização com práticas recomendadas, como monitoramento e alertas proativos, é fundamental, assim como a definição e implementação claras de KPIs para medir a observabilidade conforme a maturidade do código. Esse processo também inclui um ciclo de *feedback* das observações para todas as partes envolvidas e interessadas. Esses *insights* devem ser compartilhados para discutir os aprendizados adquiridos.
6. **Ambiente seguro:** a observabilidade envolve a coleta e análise de dados de desempenho e outros dados sensíveis dos serviços de TI. Para promover a cultura da observabilidade, os *squads* devem criar um ambiente de confiança e segurança, onde todos os membros se sintam confortáveis em compartilhar dados e informações.

Os benefícios da observabilidade no *squad*

A prática de observabilidade pode trazer diversos benefícios para os *squads*, tais como:

1. **Identificação rápida de problemas:** a observabilidade permite que os *squads* identifiquem rapidamente problemas e anomalias nos serviços de TI, facilitando a resolução de problemas e minimizando o tempo de inatividade.
2. **Melhoria contínua do desempenho:** a observabilidade permite que os *squads* monitorem o desempenho dos serviços de TI em tempo real e identifiquem oportunidades de melhoria contínua.
3. **Tomada de decisão baseada em dados:** a observabilidade fornece aos *squads* dados valiosos sobre o desempenho dos serviços de TI, permitindo que tomem decisões informadas e baseadas em dados para melhorar a qualidade dos serviços. A capacidade para depurar problemas de aplicativos pode ser facilitada com a prática de *The Core Analysis Loop* ou Ciclo de Análise Central, que permite que as equipes gerenciem com eficácia sistemas que geralmente falham de maneiras imprevisíveis.
4. **Maior visibilidade e transparência:** a observabilidade fornece maior visibilidade e transparência em relação aos serviços de TI, permitindo que os *squads* se comuniquem melhor com outras equipes de TI e partes interessadas sobre o desempenho dos serviços. Falo um pouco mais sobre visibilidade e transparência no item "Implementando a observabilidade no *squad*".

5. **Redução de custos:** a observabilidade pode ajudar os *squads* a identificar e solucionar problemas de desempenho rapidamente, o que pode reduzir os custos associados a interrupções e tempo de inatividade. Relatório da New Relic (BASTARI, 2023) concluiu que a observabilidade proporciona um impacto comercial claro e positivo, com cerca de um terço dos entrevistados citando:
    - Maior tempo de atividade e confiabilidade (36%)
    - Aumento da eficiência operacional (35%)
    - Melhor experiência do cliente (33%)
    - Inovação acelerada (30%)
    - Crescimento dos negócios/receitas (26%)

Implementando a observabilidade no *squad*

Para começar a implementar a observabilidade em um *squad*, é importante seguir estes passos:

1. **Definir objetivos:** o *squad* deve definir claramente quais são os seus objetivos com a implementação da observabilidade. Por exemplo, pode ser para melhorar a eficiência dos serviços, reduzir o tempo de inatividade, identificar problemas de desempenho, entre outros. Conforme Gupta (2022), uma boa configuração da observabilidade pode afetar de forma positiva (claro) a receita final, pois a organização consegue otimizar os gastos com infraestrutura, o que auxilia no planejamento da capacidade de crescimento e pode até melhorar métricas de negócios importantes, como o MTTR (*Mean Time To Repare*). Existem vários outros objetivos, como estabelecer transparência ou construir uma experiência sólida para o cliente, fornecendo mais dados aos times que apoiam no suporte, e não só aos *squads*.
2. **Identificar os principais pontos de observabilidade:** o *squad* deve identificar quais são os principais pontos de observabilidade dos serviços de TI que deseja monitorar. Isso pode incluir métricas de desempenho, *logs* de eventos, dados de segurança etc. De acordo com Livens (2023), não só os *squads* mas todo o time de tecnologia deve aumentar a coleta de telemetria com dados de experiência do cliente/usuário para eliminar pontos cegos:
    - ***Logs***: são registros de texto, estruturados ou não, de eventos discretos que ocorreram em um horário específico.
    - **Métricas:** são valores representados como contagens ou medidas que geralmente são calculadas ou agregadas ao longo de um período. As métricas podem ter origem em diversas fontes, incluindo infraestrutura, *hosts*, serviços, plataformas de *cloud* e fontes externas.

- **Rastreamento distribuído:** exibe a atividade de uma transação ou solicitação à medida que ela flui pelos aplicativos e mostra como os serviços se conectam, incluindo detalhes em nível de código.
- **Experiência do usuário:** ampliar a telemetria de observabilidade tradicional adicionando a visão do usuário de fora para dentro através de uma experiência digital específica em um aplicativo, mesmo em ambientes de pré-produção.

3. **Escolher ferramentas adequadas:** o *squad* deve escolher as ferramentas adequadas para coletar e analisar os dados de observabilidade selecionados. Muitas ferramentas são desenvolvidas especificamente para observabilidade e incluem monitoramento de desempenho de aplicativos (APM), monitoramento de infraestrutura, gerenciamento de *logs*, rede de monitoramento de desempenho, monitoramento de experiência digital (monitoramento sintético e monitoramento de usuário real (RUM), incluindo monitoramento de navegador e monitoramento móvel), monitoramento sem servidor, modelo de aprendizado de máquina (*machine learning* – ML), monitoramento de desempenho, monitoramento de segurança e muito mais. Existem diversas ferramentas disponíveis no mercado, como Elasticsearch, Datadog, Kibana, Prometheus, Grafana etc.
4. **Implementar a observabilidade:** com as ferramentas selecionadas, o *squad* deve implementar a observabilidade em seus serviços de TI e começar a coletar dados. É importante lembrar que a implementação da observabilidade deve ser contínua e evolutiva, para que o *squad* possa identificar novos pontos de observação e melhorar continuamente a efetividade da observabilidade. Quando se decide a implementar a observabilidade como código (e isso depende de investimento), a observabilidade é oficialmente sancionada e os profissionais dedicam recursos à prática.
5. **Analisar os dados de observação:** com os dados de observação coletados, o *squad* deve analisá-los para identificar padrões, anomalias e problemas de desempenho, a fim de tomar ações para aprimorar o serviço de TI. Quando oferecemos as informações ou dados de observação para o *squad*, ele deve ter acesso fácil aos KPIs para avaliar os resultados do cliente e os custos de utilização do sistema, podendo visualizá-los lado a lado. Outro exemplo dado por Roa (2022) é que, depois do código implantado na produção, sua equipe se concentra nas soluções do cliente, em vez de dar suporte a problemas isolados que normalmente podem ser corrigidos sem desencadear falhas em cascata, por exemplo. A partir desse momento o *squad* está impondo a observabilidade como parte da implantação contínua.
6. **Comunicar os resultados:** é importante que o *squad* comunique os resultados da observabilidade para outras equipes de TI e partes interessadas, para que

possam ter uma visão clara do desempenho do serviço de TI. O compartilhamento de resultados é muito importante, pois ajuda toda a organização a observar os dados, tomar melhores decisões e até ter *insights*.

Seguindo esses passos, o *squad* pode começar a implementar a observabilidade em seus serviços de TI e colher os benefícios dessa prática.

Uma observabilidade atualizada

Para manter a observabilidade do serviço sempre atualizada, o *squad* pode seguir algumas práticas:

1. **Implementar a observabilidade como uma prática contínua, em vez de ser vista como uma atividade única:** isso significa que o *squad* deve estar sempre procurando novos pontos para melhorar a eficácia da observabilidade. No entanto, devemos ter em mente que a observabilidade é uma estrutura dentro das ferramentas criada para extrair dados do ambiente e dar aos *squads* a capacidade de observar o que está para acontecer e que antes não se tinha nenhuma visão. Essa prática de observar os dados melhora a base de conhecimento dos *squads* e de todos os times envolvidos. Mas é fato: os dados devem ser analisados constantemente para que sempre ocorra a melhor tomada de decisão possível.
2. **Monitorar indicadores-chave de desempenho (KPIs):** o *squad* deve monitorar regularmente os indicadores-chave de desempenho (KPIs) relevantes para o serviço, a fim de identificar tendências e anomalias que possam sinalizar problemas. Esses KPIs devem ser atualizados regularmente para refletir as mudanças no serviço.
3. **Realizar testes de resiliência:** os testes de resiliência devem ser executados regularmente para garantir que o serviço possa lidar com interrupções e falhas de infraestrutura. Esses testes devem ser atualizados regularmente para refletir mudanças no serviço e na infraestrutura subjacente. Quando introduzimos de forma proposital falhas e degradações nos serviços, o *squad* pode ver o que acontece. Mais do que isso, pode descobrir quais são os *gaps* na sua observabilidade e resiliência, para "ver o que não consegue ver".
4. **Manter as ferramentas atualizadas:** as ferramentas de observabilidade utilizadas pelo *squad* devem ser atualizadas regularmente para garantir que estejam funcionando corretamente e aproveitando as últimas tecnologias e recursos disponíveis.

5. **Documentar a observabilidade:** o *squad* deve documentar a observabilidade do serviço e as práticas utilizadas para mantê-la atualizada. Isso pode incluir a criação de um plano de observabilidade, documentação de indicadores-chave de desempenho etc.

Conclusão

Sabemos o quanto é difícil mudar cultura, quebrar paradigmas e apreender novas práticas, ferramentas, métodos e *frameworks*. Mas sem o engajamento do *squad* para garantir cada vez mais a qualidade da entrega e sustentação do serviço ao cliente, é impossível atender à disponibilidade e entregar a confiabilidade. Quanto mais nos aprofundamos e temos visões diferentes sobre o mesmo produto, a percepção do que afeta o nosso cliente final se torna mais rápida e muito mais inteligente, pois direcionamos os esforços ao ponto correto. A observabilidade no *squad* é isso: conhecer, aprender e direcionar seus esforços de forma objetiva, levando para o cliente, pares e parceiros a transparência e a certeza da entrega.

PARTE II. OBSERVANDO A INFRAESTRUTURA, A ENGENHARIA E A PRODUÇÃO

9. Observabilidade como ferramenta para aumento da satisfação dos clientes finais

Mario Muller
Lucas Lima

Contexto

Longas filas de atendimento em lojas, transações lentas em aplicativos móveis, pedidos com erros em lojas virtuais, clientes estressados e frustrados com uma péssima experiência do que deveria ser relativamente simples no mundo atual: satisfazer a necessidade das pessoas por meio de ferramentas digitais e facilitar a vida do cotidiano.

Do outro lado, times de operação e produção de tecnologia correndo a todo vapor tentando achar quais possíveis problemas podem estar impactando a experiência do usuário final, quase sempre de maneira ineficiente, estressante, com toda a devida preocupação em impactar o negócio o mínimo possível, mas sem conseguir entregar o resultado esperado dentro de uma janela de tempo razoável. Tudo isso pela falta de ferramentas e processos que, num cenário "ideal", deveriam ser comuns em toda empresa que disponha de algum serviço para algum tipo de clientela. Essas ferramentas mostrariam, de forma rápida e objetiva, qual o impacto no cliente, como ele está sendo impactado e, claro, onde está a falha que está causando todo esse caos.

Uma das melhores formas de garantir a satisfação do cliente é, sem dúvida, entregar a melhor experiência possível no uso de uma determinada plataforma. Garantir que essa experiência ocorrerá sem falhas, de forma tranquila, na velocidade esperada, sem gargalos ou frustrações, é um dever para toda companhia que apresente um produto para um determinado público.

A observabilidade pode e deve ser utilizada como uma das principais ferramentas e formas de alcançar a máxima satisfação dos clientes finais. Isso por conseguir entregar não apenas de forma proativa, mas também em muitos cenários até preditiva, quais problemas os usuários estão enfrentando ou enfrentarão e qual a causa que está levando a um cenário de erros, lentidão ou péssima experiência como um todo.

Observar sistemas, ambientes e aplicações é fundamental, mas também não podemos deixar de observar a experiência do cliente final, que muitas vezes acaba sentindo o impacto de qualquer problema de forma mais rápida que qualquer sistema é capaz de monitorar.

A importância da confiabilidade e da disponibilidade dos sistemas na era digital

Na era digital, a confiabilidade e a disponibilidade dos sistemas são pilares fundamentais para o sucesso de qualquer negócio.

Disponibilidade significa que o sistema está acessível quando o cliente precisa. A confiabilidade, por sua vez, garante que o sistema funcione sem falhas ou interrupções, proporcionando uma experiência tranquila e segura para o cliente.

Um exemplo prático disso é nossa reação ao tentar acessar o Google e o site não carregar! É muito mais fácil pensarmos que estamos sem conexão com a internet do que acharmos que o site do Google está fora do ar!

Embora a disponibilidade e a confiabilidade sejam o básico esperado pelos clientes, como a luz que se acende ao acionar um interruptor – sempre presente e confiável –, por trás dessa aparente simplicidade está um equilíbrio de infraestrutura, manutenção e inovação tecnológica.

A indisponibilidade dos sistemas não causa apenas frustração nos clientes, ela também impacta diretamente os resultados financeiros das empresas.

Imagine um banco *on-line* que apresenta falhas constantes. Os clientes podem ficar receosos de usar seus serviços, levando a uma perda de confiança e migração para outros bancos. Uma loja virtual que não funciona durante um período de grande promoção pode perder milhares de vendas e prejudicar sua imagem.

Clientes potenciais podem ser perdidos em questão de segundos, enquanto os já conquistados podem buscar alternativas mais estáveis.

Quando um sistema é confiável e está sempre disponível, o cliente se sente seguro e confiante para utilizá-lo. Isso gera satisfação, fidelidade e, consequentemente, mais vendas.

Essa dinâmica ilustra como a confiabilidade tecnológica se traduz em fortalecimento da marca e, consequentemente, em receitas sustentáveis.

No mundo digital, a marca não é apenas o logotipo estampado em produtos, mas a experiência fluida e confiável que ela proporciona aos seus usuários. Portanto, investir em confiabilidade e disponibilidade é investir no futuro do negócio.

Como a observabilidade pode apoiar os times de TI e de negócio no gerenciamento da satisfação dos usuários

A observabilidade do negócio, dos sistemas e da infraestrutura desempenha um papel fundamental no apoio aos times de TI e de negócio na gestão da satisfação dos usuários. Para ilustrar a importância da observabilidade, faremos uma analogia com a Fórmula 1.

A telemetria em um carro de Fórmula 1 é como um superpoder para as equipes e para os pilotos. Eles recebem dados em tempo real sobre o desempenho do carro, a temperatura do motor, a pressão dos pneus e uma infinidade de outras métricas. Isso é fundamental para ajustar estratégias, corrigir problemas e melhorar o desempenho geral do carro.

Trazendo essa ideia para o mundo dos negócios e da tecnologia, a observabilidade é como ter a telemetria da F1 para os sistemas de uma empresa. A "equipe" (operação de TI) e os "pilotos" (líderes de negócio) precisam ter uma visão clara e detalhada do que está acontecendo em seus "carros" (sistemas de tecnologia), durante os treinos livres (desenvolvimento), a etapa qualificatória (homologação) e a corrida (produção).

Assim como um piloto pode ajustar sua estratégia com base nos dados da telemetria, as equipes de operação de TI e os líderes de negócio podem tomar decisões informadas para otimizar a eficiência, corrigir problemas rapidamente e garantir que seus sistemas estejam sempre "correndo" no máximo desempenho. Se um problema aparece, a observabilidade permite a identificação e a correção antes que aconteça um "acidente", suportando os negócios da empresa até a "linha de chegada" do sucesso!

Portanto, por meio da implementação de ferramentas e práticas de observabilidade, que proporcionam uma visão detalhada e em tempo real do desempenho dos sistemas, os times podem identificar proativamente possíveis problemas antes que afetem os clientes finais. Isso ajuda na rápida resolução de incidentes e na minimização do impacto sobre a experiência do usuário.

Soluções de observabilidade mais avançadas permitem correlacionar dados de diferentes fontes para ter uma visão completa do que está acontecendo em determinados contextos, ajudando a identificar problemas que não seriam detectados se os dados fossem analisados de forma isolada.

Ao alavancar a observabilidade, os times de TI e de negócio também podem estabelecer métricas claras e objetivas para avaliar a satisfação dos usuários. Essas métricas podem incluir indicadores de desempenho, como conversão de vendas, tempo médio de resposta e taxa de sucesso de transações, por exemplo. Com dados concretos em mãos, os times podem monitorar continuamente o impacto de suas iniciativas na satisfação dos usuários e ajustar suas estratégias conforme necessário. Como um grande entusiasta da prática que conhecemos costuma dizer ao olhar para os painéis do *Command Center*: "aqui observamos o sorriso dos nossos clientes".

Como a observabilidade permite detectar falhas rapidamente

Com a observabilidade, dados de diversos tipos e fontes podem ser correlacionados, de forma direta ou indireta, desde o nível mais básico de infraestrutura até a métrica mais fina da experiência de um usuário.

Porém, para que seja possível detectar falhas, erros ou problemas, todas as camadas de uma aplicação precisam estar instrumentadas e configuradas de forma que seus dados e métricas possam ser coletados e trabalhados pelas ferramentas de monitoramento. É necessário que seja mapeado todo o fluxo sistêmico de uma aplicação correlacionada à jornada do usuário, capturando métricas desde a camada de infraestrutura que suporta todo o sistema, bancos de dados, integrações, *middlewares*, serviços de terceiros, tecnologias proprietárias etc. até a camada do *frontend*, onde a aplicação é disponibilizada para o usuário final e capturada ali a sua experiência com o serviço.

Uma vez que tenhamos todos os dados e métricas coletados e correlacionados, é possível trabalhar para analisar a causalidade de certos problemas e detectar as falhas de forma mais rápida e efetiva.

Quando um erro é apresentado para o usuário, por trás daquele cenário existe todo um contexto de aplicação que levou o erro a acontecer. Com a aplicação instrumentada e coletando as métricas de telemetria, os times de operação podem trabalhar para entender o que pode ter levado ao cenário de impacto. Dessa forma, com dados para *troubleshooting* e análise de causa-raiz, o trabalho dos analistas é simplificado com uma gama de ferramentas e informações que ele pode utilizar para tratar aquele problema. Se antes o analista teria que abrir diversos sistemas, analisar vários dados de diferentes fontes, procurar outros times e especialistas para ajudar no entendimento de possíveis cenários, agora, com a aplicação instrumentada, é possível ter todos os dados necessários em um local centralizado, sem silos, e com o dado pronto para ser tratado.

Esse cenário todo também agiliza a tratativa de problemas detectando falhas mais rapidamente e atuando diretamente no MTTD (*Mean Time To Detect*) e no MTTR (*Mean Time To Repair*) das aplicações.

O que significa um alto MTTR para o usuário final e o seu custo para as empresas

Vamos imaginar os seguintes cenários para podermos nos contextualizar: você, com fome em sua casa em um domingo à noite, pensa em pedir uma pizza. Você abre um determinado aplicativo de entrega de refeições em seu celular, busca a sua pizzaria favorita, escolhe os sabores e acompanhamentos, e investe ali cerca de cinco minutos do seu tempo. Ao fechar o pedido e tentar efetuar o pagamento, um erro é recebido. Normalmente há uma segunda tentativa quase que instantânea para efetuar a mesma transação, e novamente o mesmo erro. Uma pessoa mais paciente (e coloca paciente nisso, pois na era digital é raro esse tipo de comportamento) fecharia o aplicativo, abriria novamente e tentaria mais uma vez efetuar a transação. E quem diria... outro erro.

Vejamos outra situação: estamos saindo de uma reunião importante em um cliente, dia cheio, e tudo o que pensamos é "chegar em casa logo e descansar". Estamos sem carro por conta de algum imprevisto, então abrimos aquele aplicativo de transporte de sempre, digitamos o endereço de destino, colocamos o local de partida, buscamos um motorista disponível e quando estamos esperando que o serviço seja concluído e confirmado recebemos uma mensagem dizendo "um erro foi encontrado". Todo esse processo levou cerca de cinco minutos para acontecer, e quando vamos tentar chamar o motorista mais uma vez, além do valor da corrida já ter subido por conta da tarifa dinâmica no horário de pico de uma grande metrópole, ainda recebemos outro erro.

Para clientes que passam por esse tipo de situação, esperar o descontentamento é mais do que certo, afinal de contas ninguém gosta de ter uma experiência frustrada no uso de algum serviço. É certo que, em muitos casos, esses usuários deixarão de usar o serviço e migrarão para um concorrente direto com serviço semelhante. E mesmo que não haja a perda definitiva daquele cliente, o descontentamento em continuar com um serviço que não supre as expectativas de uma boa experiência com certeza abala o relacionamento entre cliente final e companhia.

Levando em conta esse cenário, para as empresas que oferecem determinado serviço que foi impactado por algum tipo de falha que prejudicou a experiência ou o produto ofertado, as perdas podem ser irreversíveis. Desde a perda de receita, seja na saída de clientes da empresa ou na impossibilidade de vender e faturar, até a perda de credibilidade da marca ou serviço, este é um cenário ainda mais difícil de se reverter, afinal quem não tem uma empresa ou marca em mente como referência de péssimo serviço ou produto?

Quando temos a experiência do nosso usuário final sendo impactada, o que necessitamos (e é o que o cliente também espera) é de uma rápida resolução para o problema, afinal ninguém quer esperar horas para que um serviço retorne ao seu estado "normal". E para garantir uma rápida resolução do incidente, devemos garantir também uma rápida detecção do impacto e seu causador – isso é fundamental para minimizar a quantidade de usuários com sua experiência ofendida e mitigar o máximo possível o impacto nas áreas de negócio. Afinal de contas, um alto MTTR significa nada menos do que usuários infelizes com suas experiências frustradas em serviços que deveriam oferecer facilidade e praticidade no dia a dia.

Através da observabilidade é possível não apenas mitigar o impacto no cliente e reduzir MTTR e possíveis falhas, como também reter os clientes em seu serviço, uma vez que a experiência ofertada suprirá as altas expectativas dos usuários, ajudando assim a criar um vínculo de confiança e fidelizando os clientes através da qualidade do serviço ofertado.

Como a observabilidade ajuda a reduzir o MTTR

Desde a conquista de um cliente até a sua retenção, uma boa experiência com um produto ou serviço faz toda a diferença. E para garantir a excelência, precisamos pensar na confiabilidade e na qualidade dos sistemas e aplicações que entregamos aos nossos usuários. Um dos pilares essenciais e de destaque aqui é sem dúvida a observabilidade, que nos ajuda de forma eficiente na identificação e resolução de problemas.

Entre as causas mais comuns para um alto MTTR de uma aplicação, com certeza podemos citar: demora e deteção reativa dos problemas, ineficiência na análise da causa-raiz, falta de dados para *troubleshooting*, informações descentralizadas e concentradas em silos e falta de correlacionamento entre os dados. Tudo isso resulta em um MTTD longo e consequentemente um MTTR maior ainda, com aplicações impactadas por mais tempo e com maior incidência, uma vez que o tratamento dos problemas é dificultado e ineficaz.

Com a implementação correta das práticas de observabilidade e de ferramentas de monitoramento no contexto da aplicação, é possível escalar as estratégias adotadas pelos times de suporte de forma a alavancar a sua capacidade técnica na análise de problemas e na tratativa de incidentes.

Por meio do APM (*Application Performance Monitoring*), uma das disciplinas da observabilidade, conseguimos observar a performance e o comportamento dos sistemas em seus ambientes de forma a conseguir correlacionar todos os tipos de dados possíveis para chegar nos indicadores necessários e garantir a qualidade da aplicação. Isto é, conseguimos cruzar métricas e informações de servidores de bancos de dados que estão com uma alta taxa de I/O e como isso está afetando a efetivação de uma transação na ponta para o usuário final pela alta latência recebida por esse problema; ou até entender se um erro recebido por um usuário é de fato um erro na sua aplicação ou uma dependência falha com um parceiro com o qual há algum tipo de integração ou serviço dependente.

Uma vez que implementamos a observabilidade e passamos a ter toda a correlação de dados, métricas e informações de todas as camadas de uma aplicação, conseguimos mapear e observar as jornadas das aplicações de forma mais direta e transparente. A partir desses fluxos mapeados, podemos criar indicadores de qualidade para cada jornada mapeada e observada.

Cada componente monitorado e observado dentro de uma jornada possuirá um indicador direto sobre seu serviço (SLI – *Service Level Indicator*) do qual poderemos extrair um objetivo de qualidade para aquele fluxo (SLO – *Service Level Objective*). Posteriormente, poderemos negociar um indicador direto para essa mesma aplicação com a área de negócios para casos de falhas ou incidentes (SLA – *Service Level Agreement*). A partir do momento em que conseguimos obter tais indicadores, podemos evoluir para a política de "orçamento de erros" ou *error budget*, conceito que nos permitirá explorar quantidades acordadas de horas de impacto em uma aplicação e trabalhar com janelas adequadas para administrar possíveis problemas sem ferir os acordos com as áreas de negócio e consequentemente manter a qualidade desejada da aplicação, evitando prejuízos financeiros ou de imagem.

A partir do entendimento de que a observabilidade é um pilar fundamental para a redução do MTTR, a disponibilidade/qualidade dos sistemas e a resiliência das aplicações, podemos observar como isso se traduz na prática para o negócio e para o usuário final.

A observabilidade transforma todos os dados, métricas e indicadores em contexto para os times de TI, ou seja, conseguimos entender com precisão qual ponto de falha em um fluxo sistêmico afeta qual etapa da jornada do usuário final. Assim, os times podem aplicar as correções de forma mais ágil e eficiente.

Com uma redução de MTTR, temos maior disponibilidade, e com isso as empresas dispõem de mais tempo para pode trabalhar e cativar os seus clientes. Uma redução de MTTR não quer dizer apenas que iremos evitar prejuízos ou mitigar riscos com os clientes; é possível continuar ofertando seus serviços de forma contínua, agregando ofertas sólidas de negócio com a imagem de uma aplicação resiliente e um serviço confiável. A resiliência das aplicações gera qualidade do serviço, e a qualidade do serviço gera maior tempo de disponibilidade com melhores ofertas e uma imagem sólida para a aplicação.

Tudo isso não seria possível se os times de TI focassem os seus esforços em análises manuais e trabalhos repetitivos, quebrando suas cabeças para entender e contextualizar erros e métricas de seus sistemas e ambientes. Com a observabilidade alavancando os times de TI, agilizando e automatizando análises com uso de ML (*machine learning*) e inteligência artificial, os profissionais podem focar no que realmente importa, que é aumentar a qualidade dos serviços e das aplicações.

A importância de um atendimento proativo e eficiente

Com a observabilidade possibilitando a automatização de análises e a correlação de dados, colocando contexto nas métricas coletadas, é possível também atuar de forma mais proativa e eficiente em cenários de possíveis problemas.

Isso quer dizer que seria possível identificar problemas quando eles começassem a ocorrer, sem a necessidade de que os usuários impactados fossem o gatilho para o início da tratativa de um problema.

Atuando de forma proativa em problemas e incidentes, é possível diminuir o tempo de impacto das aplicações (o seu MTTR) e aumentar a disponibilidade dos serviços. Isso significa que os serviços serão percebidos pelos usuários finais de forma mais resiliente e com maior tempo de disponibilidade, impactando minimamente os negócios.

Com a possibilidade de se ter contexto dos problemas através da observabilidade, e a proatividade na tratativa de incidentes, também é possível atuar de forma mais eficiente em qualquer cenário de falha. Atuar eficientemente nesse caso significa ter os analistas corretos atuando diretamente nos pontos exatos de falha, sem a necessidade de ter "salas de guerra" com inúmeros recursos, despendendo muito tempo para a análise de quantidades massivas de informações e métricas e atuando de forma ineficaz na análise de causa-raiz.

Sendo proativos e eficientes, os times de TI tornam as aplicações resilientes e confiáveis, possibilitando que as áreas de negócio possam investir mais tempo e mais esforço em atrair cada vez mais clientes, cativar usuários e reter os recursos necessários onde o foco precisa estar: no negócio.

Usando tendências e padrões de comportamento para prevenir a ocorrência de falhas

A evolução de uma análise automatizada de dados e de uma tratativa proativa de problemas, sem sombra de dúvida, é a prevenção de falhas.

Uma vez que temos todas as jornadas de um serviço ou aplicação mapeadas e observadas, com todos os dados e métricas dos seus fluxos sistêmicos sendo coletados e correlacionados através da observabilidade, é possível começar a entender padrões de comportamentos que antecedem possíveis cenários de problemas.

Através de métodos de análises de dados, conseguimos identificar cenários únicos de erros e de reincidência de determinados tipos de falha. Dessa forma, conseguimos analisar cenários de correlação entre um problema que impacta um componente específico de uma aplicação e que afeta diretamente determinada funcionalidade de um serviço para o usuário final. Com isso, podemos trabalhar em gatilhos para gerar eventos quando um determinado tipo de falha passar a ocorrer antes que ela passe a impactar a experiência do usuário final.

É comum termos também cenários de eventos em cadeia, onde um problema "simples", quando alertado, pode não ter impacto direto para o usuário final, mas que, se não for tratado, pode gerar outra falha, que por sua vez gerará outro cenário de erro, até que isso impacte diretamente a experiência do usuário. Esse cenário, se tratado assim que identificado, pode evitar o surgimento de um incidente.

Vamos a um exemplo: a queda de um único *host* dentro de um *pool* de máquinas pode ser interpretada por um analista como algo menor, por existirem outras máquinas no *cluster*. Porém, isso pode ocasionar um aumento de carga nos servidores pares do ambiente, o que pode causar uma lentidão em um determinado serviço, que, por sua vez, passa a efetivar transações com um tempo de latência maior, até que essa fila de transações cresça causando uma contenção que se traduz no fim da cadeia como um serviço não contratado ou um usuário com lentidão na aplicação sem conseguir concluir uma determinada transação.

Com o fluxo sistêmico sendo observado fim-a-fim, com dados correlacionados e contextualizados, é possível entender que tais eventualidades estão diretamente relacionadas. A observabilidade permite proatividade e análise automática de cenários como esse para que seja possível transformar a operação em preditiva, e não apenas proativa, antevendo qualquer tipo de impacto no usuário e na aplicação.

A partir daqui podemos utilizar as ferramentas a nosso favor, alavancando estratégias, processos e operações de forma eficaz com a ajuda de funcionalidades como *machine learning* e inteligência artificial. O sistema entenderá, de forma automática ou guiada, a correlação entre os eventos, para que no futuro seja possível a predição de problemas de forma automatizada. O produto final que se pode esperar seriam eventos oriundos de gatilhos com dados como: quantidade de erros, detecção de anomalias, identificação de um ponto fora da curva (servidor, serviço ou integração), entre muitas outras possibilidades, variando de ferramenta para ferramenta no mercado.

O uso de automações combinadas com observabilidade para autocorreção

O uso de automações combinadas com observabilidade é uma estratégia poderosa para prevenir e corrigir problemas de forma proativa nos sistemas e na infraestrutura. Ao integrar sistemas de monitoramento em tempo real com ferramentas de automação, os times de TI podem criar processos automatizados que identificam e resolvem problemas antes mesmo que os usuários finais os percebam.

Um exemplo claro disso é a implementação de alertas que acionam automaticamente ações corretivas quando métricas atingem níveis críticos definidos pela TI ou pelo negócio.

Também é muito comum utilizar automações em conjunto com a observabilidade na análise e resolução automática de incidentes. Por meio da integração de sistemas de monitoramento com plataformas de gerenciamento de incidentes, é possível criar fluxos de trabalho automatizados que identificam a origem do problema, acionam os responsáveis pela resolução e, quando possível, aplicam correções automáticas. Isso reduz significativamente o tempo de inatividade e minimiza o impacto sobre os usuários finais.

Por exemplo, se um servidor atinge uma carga de trabalho excessiva, um alerta pode ser acionado e uma automação iniciada para provisionar recursos adicionais ou redistribuir a carga de trabalho para outros servidores. Isso pode evitar que o servidor se torne sobrecarregado e cause uma queda no desempenho ou uma interrupção do serviço.

Outro exemplo é quando usamos as automações para realizar verificações preventivas nos sistemas e na infraestrutura. Nesse cenário, é possível agendar rotinas automatizadas para verificar a integridade dos bancos de dados, limpar arquivos temporários ou aplicar *patches* de segurança. Essas ações ajudam a evitar problemas potenciais antes que eles ocorram, garantindo assim a continuidade operacional e a estabilidade dos sistemas.

Empresas que investem em observabilidade e automação para manter seus sites e *apps* sempre disponíveis, com transações seguras e processos otimizados, melhoram a experiência de seus clientes e ajudam na satisfação, o que se traduz em fidelidade, receita, crescimento e fortalecimento da marca.

Usando métodos de observabilidade como ferramenta para diagnóstico preciso de causas

Através da instrumentação correta das aplicações, observando o fluxo sistêmico correlacionado às jornadas dos usuários, é possível monitorar determinados tipos de comportamentos e coletar as informações necessárias para tratativa de erros e análise de causas.

Essas informações coletadas podem se traduzir em alguns tipos de dados e métricas, que por sua vez podem ser segregados por determinados tipos de análises com cenários específicos.

Os dados coletados através das ferramentas seguem o princípio dos três pilares da observabilidade (métricas, *traces* e *logs*) e em alguns casos se expandem em camadas adicionais, como *profiling* e métricas oriundas de testes sintéticos e integrações com tecnologias específicas.

Com todos esses dados coletados e correlacionados, é possível atuar de forma precisa e direta na análise de causas. É possível pegar um erro, analisar o seu devido *trace span* por *span*, identificar a linha de código específica que gerou determinada falha, correlacionar esse dado com o *log* da transação e apontar diretamente para uma possível métrica ofensora que gerou aquele impacto.

É possível analisar não apenas o erro em si, mas todo o detalhamento de "o que?", "como?", "onde?" e "quando?", esmiuçando, assim, a causa-raiz de forma precisa a fim de resolver o problema e evitar reincidências.

Os times de TI têm seus processos alavancados e empoderados com o uso da observabilidade, uma vez que a tratativa de problemas se torna mais ágil e eficiente e os processos passam a ser seguidos de forma mais objetiva e direta.

A importância da colaboração entre as equipes de desenvolvimento e operações

A colaboração entre as equipes de negócio, desenvolvimento e operações é crucial para garantir a estabilidade e disponibilidade dos sistemas e aplicativos. Práticas como *Service Level Objectives* (SLOs) e a política de *error budget* fortalecem essa colaboração ao estabelecerem metas claras de desempenho e limites aceitáveis para falhas.

Os SLOs definem metas de desempenho para o sistema, enquanto a política de *error budget* estabelece um limite para o número de erros aceitáveis antes que uma ação seja tomada.

A colaboração é um processo contínuo que deve ser constantemente aprimorado. Uma das etapas fundamentais nessa colaboração é a definição da política que será aplicada quando o *erro budget* for esgotado e o limite mínimo (ou ainda mais abaixo do que o limite) do SLO for alcançado.

É essencial que as equipes de produto considerem ativamente os direcionamentos fornecidos pelas equipes de infraestrutura e operações em seus *backlogs*. Isso ocorre porque as decisões tomadas durante o desenvolvimento do software têm um impacto direto na estabilidade e disponibilidade do ambiente produtivo. Ao priorizar funcionalidades e correções que contribuem para a confiabilidade do sistema, as equipes de produtos estão, na verdade, investindo na satisfação dos usuários finais e, por consequência, nos resultados financeiros da empresa.

Contudo, decisões difíceis precisarão ser tomadas pelos times de negócio, pois eventualmente será necessário investir o esforço do time de desenvolvimento nesses ajustes em vez de dar foco na inovação e entrega de novas funcionalidades.

10. Como escolher uma boa suíte de observabilidade

Thiago Segantini

Introdução

Em um mundo cada vez mais digitalizado e dinâmico, as ferramentas de observabilidade surgem como uma peça essencial para contínuo entendimento e aprimoramento das aplicações. Ter a capacidade de observar, analisar e entender o que está acontecendo com sua aplicação é fundamental para garantir desempenho e rápida resposta a incidentes. Neste capítulo, será explorado o passo a passo de um processo de seleção para uma suíte de observabilidade.

Realizar um bom processo de seleção de software é fundamental para garantir que a escolha de uma solução esteja alinhada com as necessidades específicas da organização.

Uma boa suíte de observabilidade é um investimento estratégico que pode trazer um enorme diferencial competitivo para a organização. A escolha de uma ferramenta com suporte confiável e recursos eficazes contribui para uma infraestrutura coesa e aprimora a tomada de decisões.

O processo descrito a seguir poderá ser usado como um direcionador. Entretanto, sabemos que as organizações têm estruturas e necessidades diferentes, ou seja, não existe "one size fits all". Portanto, ao pesquisar pela internet você encontrará uma gama de processos diferentes, com outras etapas, e eventualmente algum pode se encaixar melhor às necessidades da sua companhia. Nosso objetivo aqui não é ser exaustivo, mas, sim, compartilhar a experiência na utilização do processo proposto.

A seguir serão apresentados seis passos que compõem um processo de seleção de software eficaz.

1. Defina objetivos e requisitos

Comece identificando claramente os objetivos da seleção do software e os requisitos específicos da sua organização. Isso pode incluir funcionalidades necessárias, integrações desejadas e restrições orçamentárias.

Certamente, a etapa de definição de objetivos e requisitos é uma das mais importantes para o sucesso de uma seleção de software. A abordagem pode variar de empresa para empresa, porém, de forma geral, trarei aqui alguns exemplos sobre "o que" e "como" trabalhar essa etapa tão importante.

O ponto de partida é o levantamento dos *stakeholders*. Envolver todas as partes interessadas é crucial. Conduza reuniões para entender as necessidades de diferentes departamentos e usuários. Considere os requisitos tecnológicos, operacionais, financeiros e estratégicos. Essas reuniões servem para definir claramente os objetivos da seleção de software.

Com os objetivos definidos, partimos para a identificação de requisitos funcionais e não funcionais. Nessa atividade vale ser exaustivo e detalhar o máximo possível. Liste as funcionalidades específicas que o software deve ter para atender aos objetivos. Por exemplo, para um *software selection* de observabilidade, requisitos funcionais podem incluir monitoramento proativo, capacidade de escalabilidade e integração com ferramentas existentes. Logo após, identifique requisitos não funcionais, como desempenho, segurança, usabilidade e interoperabilidade com dispositivos e sistemas operacionais.

Em seguida, levante também as restrições e limitações. Liste quaisquer restrições orçamentárias, limitações de recursos ou prazos específicos que possam influenciar a seleção.

Por fim, classifique os requisitos por prioridade e construa uma matriz de decisão, estabelecendo critérios claros de seleção com base nos requisitos identificados.

Veja a seguir um exemplo de matriz com critérios que podem ser considerados durante o processo de escolha de software. No caso, a planilha serve para comparar os *vendors* e pivotar um vencedor.

Tabela 10.1. Matriz de critérios para escolha de software. Fonte: o autor.

Critério: 1 = Não atende 2 = Atende pouco 3 = Atende muito 4 = Atende completamente 5 = Supera	*Vendor A*	*Vendor B*	*Vendor C*	*Vendor D*	Pesos
***Score* final**	**3,5**	**3,0**	**3,2**	**2,8**	
Resultado funcional com o peso	0,8	**0,7**	**0,7**	**0,7**	**100%**
Facilidade de instalação	3,0	**2,6**	2,0	2,1	5%
Capacidade de monitoramento	4,0	**2,0**	2,0	2,0	10%
Personalização e flexibilidade	2,0	**3,0**	2,0	3,0	10%
Alertas e notificações	3,0	**2,0**	3,0	2,0	10%
Interface de usuário intuitiva	2,0	**3,0**	2,0	2,5	10%
Suporte e documentação	4,0	**3,0**	3,0	1,0	10%
Escalabilidade	4,0	**3,5**	4,3	3,8	15%
Custo financeiro	4,0	**3,0**	4,5	3,5	20%
Modelo comercial	4,0	**4,0**	4,0	4,0	10%

Lembre-se: quanto mais preciso e abrangente for o levantamento de requisitos, mais fácil será identificar a solução de software que melhor atenda às necessidades da sua organização.

2. O mapeamento da situação atual ou *AS IS*

Nessa etapa iremos entender o processo atual, quais são os sistemas existentes e suas limitações, quais as necessidades dos usuários, oportunidades de melhorias, bem como os objetivos de negócio.

Vale ressaltar que todas as etapas do processo devem ser documentadas e entregues junto com a conclusão do trabalho. Em especial, a documentação será insumo para as próximas etapas, mas vai servir também para consultas futuras no caso de surgir algum questionamento sobre como foi feita a escolha do software.

Na análise das ferramentas de observabilidade, é essencial adotar uma abordagem centrada em três pilares: **pessoas, processos e tecnologia.**

- ✓ No aspecto **Pessoas**, avalie como as equipes lidam com os dados gerados pelas ferramentas e se há interfaces amigáveis para facilitar a interpretação. É importante envolver o maior número de usuários possível – e, no caso das ferramentas de observabilidade, não devemos ouvir apenas as equipes de infraestrutura e operações, mas também os times de engenharia, dados, segurança, negócios etc.
- ✓ No âmbito de **Processos**, avalie como as ferramentas se integram aos fluxos de trabalho existentes, buscando otimizar a eficiência operacional. Cabe avaliar quais são as principais jornadas dentro do contexto da observabilidade. Por exemplo, as equipes de TI usam as ferramentas de observabilidade para monitorar a disponibilidade e o desempenho dos sistemas, garantindo operações contínuas. Para o time de segurança, a observabilidade é essencial para detectar e responder a atividades suspeitas, protegendo contra ameaças cibernéticas. Já no caso da experiência do cliente, a observabilidade pode ser aplicada para analisar transações, aferir volume de vendas e aprimorar a usabilidade dos serviços *on-line*. Mapear todas essas jornadas, bem como as funcionalidades do processo, é importante para a correta compreensão do estado atual e, consequentemente, para a adequada definição do desenho de estado futuro (*TO BE*).
- ✓ Quanto à **Tecnologia**, verifique quais ferramentas são usadas dentro do processo atual, como elas se integram, a escalabilidade, a adaptabilidade, a segurança e as métricas de desempenho, bem como sua arquitetura de solução, contemplando a *stack* tecnológica, servidores, bancos de dados, *frameworks* e suas interações. Conhecer bem o ambiente tecnológico atual é importante para conceber uma proposta robusta.

3. Pesquise e identifique opções

Explore o mercado em busca de opções que atendam aos seus requisitos. Considere *feedbacks* de usuários, avaliações de especialistas e faça uma lista de candidatos promissores.

Certamente, uma RFP (*Request for Proposal*) e uma RFI (*Request for Information*) podem ser instrumentos essenciais no processo de seleção de fornecedores e soluções. A RFI é geralmente utilizada na fase inicial do processo, buscando obter informações detalhadas sobre os fornecedores e suas ofertas. Ela permite uma avaliação preliminar e a construção de uma lista mais restrita de candidatos. Por outro lado, a RFP é mais robusta, sendo empregada quando já há uma compreensão mais clara das necessidades. Ela é mais detalhada, incluindo requisitos específicos, escopo do projeto, critérios de seleção e outros aspectos relevantes. As respostas à RFP geralmente formam a base para a tomada de decisão final. Ambos os documentos desempenham papéis cruciais ao fornecerem informações estratégicas e detalhadas, facilitando o processo de escolha de fornecedores e garantindo que as soluções atendam às necessidades específicas da organização.

Um excelente apoio para a etapa de exploração do mercado também é a utilização de consultorias especializadas, como a Gartner, devido à sua capacidade de análise abrangente do mercado, *benchmarking* de fornecedores, avaliações imparciais, relatórios detalhados e acesso a especialistas do setor. De acordo com a Gartner (s.d.), "nossas ferramentas e orientação especializada permitem decisões mais rápidas e inteligentes e desempenho mais sólido nas prioridades essenciais de uma organização".

Um instrumento muito poderoso é o quadrante mágico (GARTNER, 2023), um modelo de análise utilizado para avaliar e posicionar empresas em um determinado mercado. Esse método representa graficamente a visão da Gartner sobre a maturidade e o posicionamento estratégico de empresas em relação à concorrência para um setor específico. O modelo é dividido em quatro quadrantes.

Além da Gartner, existem várias outras fontes que podem ser utilizadas no intuito de apoiar a sua pesquisa e escolha: Forrester Research, Tech Validate, IDC (*International Data Corporation*) e Thoughtworks. Todas essas empresas possuem uma gama de materiais que podem ajudar a construir uma matriz de decisão.

Outro fator importante para sua pesquisa é comparar-se com empresas do mesmo setor e tamanho. Isso porque essas empresas enfrentam desafios parecidos e operam de maneira semelhante à sua. Fazer esse tipo de comparação ajuda a entender como a sua organização está se saindo em relação aos concorrentes mais diretos. Além disso, ao observar o que outras empresas estão fazendo bem, você pode aprender estratégias úteis e descobrir maneiras de melhorar. Isso torna o *benchmarking* mais fácil de entender e de ser aceito internamente, com base em lições aprendidas de organizações semelhantes.

Durante a fase de exploração do mercado, é fundamental engajar-se em conversas com todas as empresas que oferecem soluções de observabilidade. Nesse contexto, apresente claramente seus objetivos, requisitos e informações levantadas na etapa de mapeamento do cenário atual (*AS IS*). Com uma visão abrangente de suas necessidades, as empresas têm condições de avaliar como seus produtos se alinham a essas demandas específicas.

Por fim, explorar o mercado proporcionará a base necessária para iniciar a construção da matriz de requisitos. Além disso, permitirá a criação de uma lista mais restrita de potenciais fornecedores, uma vez que, nesse ponto, você terá informações suficientes para eliminar algumas empresas. Essa abordagem de afunilamento do *setlist* otimiza o processo, poupando esforços nas etapas subsequentes, e possibilita uma análise aprofundada das opções mais relevantes. A redução da lista inicial para um conjunto mais gerenciável destaca as soluções que melhor atendem aos requisitos específicos da organização e contribui para uma seleção de software mais precisa e alinhada às metas estabelecidas.

4. Avaliação e testes práticos (*proof of concept*)

Nesta fase, é imprescindível realizar ao menos uma prova de conceito (*proof of concept* – PoC). A abordagem ideal seria conduzir PoCs contemplando os três fornecedores mais destacados em seu *setlist*. Esse método proporciona condições mais robustas de comparação, embora seja importante ponderar custos e esforços. A seleção de fornecedores bem pontuados amplia as chances de identificar a solução que melhor atenda às necessidades da organização.

Além disso, é vital destacar o envolvimento dos usuários-chave nesse processo. A participação ativa dos principais usuários é fundamental para assegurar que a solução atenda de maneira precisa e eficaz às suas necessidades. Essa interação contribui para uma implementação mais suave e aumenta a probabilidade de aceitação da nova ferramenta pela equipe.

Se não houver impedimento sobre custo e tempo, considere testes adicionais para avaliar desempenho e integração durante a PoC. Os testes extras oferecem uma visão mais abrangente sobre como a ferramenta se comporta em cenários específicos, garantindo, além dos requisitos funcionais, também o desempenho e a interoperabilidade com o ambiente tecnológico existente.

5. Análise de custos e benefícios

Para compor os custos corretamente, é fundamental considerar vários elementos, como os custos de implementação, os custos de treinamento e as despesas de manutenção e suporte, levando em conta isso a longo prazo. Comparar minuciosamente esses custos com os benefícios esperados, incluindo ganhos de eficiência e melhorias nos processos, é vital para uma decisão financeiramente viável.

Lembre-se: a aquisição de uma suíte de observabilidade será um dos maiores investimentos de tecnologia na empresa, portanto seja minucioso e empregue tempo e dedicação nessa etapa, que será fundamental para uma boa tomada de decisão. Por esse motivo, é importante que o envolvimento da equipe de compras seja considerado desde o início do processo, garantindo uma estratégia de negociação estruturada e eficiente. Existem várias estratégias que podem ser utilizadas para negociar melhores condições, como, por exemplo, realizar acordos de longo prazo (três, cinco ou dez anos), além de considerar opções *open source*.

Use modelos contratuais flexíveis, que possam se adaptar às necessidades futuras da organização, mitigando possíveis desafios decorrentes de mudanças operacionais ou escalabilidade.

6. Tomada de decisão e implementação

Chegamos à última etapa, que certamente será a mais desafiadora, e sua resiliência e paciência serão fundamentais para superá-la. Prepare apresentações em diversos níveis para comunicar a decisão tomada. Crie um material que resuma a escolha e explique seu racional de sustentação.

Para a fase de implementação, elabore um plano que contemple treinamento e migração de dados e garanta uma transição suave. É importante desenhar uma estratégia de convivência. Monitorar o progresso durante essa fase é vital para corrigir problemas rapidamente.

Durante um processo de seleção, é comum incluir uma etapa de *make or buy*. No entanto, ao considerar ferramentas de observabilidade, onde o mercado oferece opções robustas, adotamos o princípio arquitetural: "construa o que diferencia e compre o que é *commodity*". Nesse contexto, a observabilidade é vista como *commodity*, podendo ser uma ferramenta paga ou de código aberto. É importante ressaltar que essa abordagem pode variar de acordo com o contexto específico de cada organização, e a escolha entre *make or buy* pode ser apropriada.

Ao seguir esses passos, você aumenta as chances de escolher uma solução de software que atenda às necessidades da sua organização e contribua para alcançar seus objetivos. A resiliência e o planejamento cuidadoso são as chaves para enfrentar essa etapa final com sucesso.

11. eBPF – A fundação da observabilidade moderna

Fabio Wakim Trentini

Introdução – Breve história do eBPF

A primeira versão do BPF (*Berkeley Packet Filter*) apareceu no sistema operacional BSD, no começo dos anos 90, com o intuito de melhorar a eficiência da captura e filtragem de pacotes de rede, permitindo análises de desempenho e segurança mais eficazes.

Seu grande diferencial foi a capacidade revolucionária de filtrar pacotes de rede de forma embarcada no *kernel* do sistema operacional, reduzindo a quantidade de dados enviados para o *user space* e aumentando o desempenho dos programas em até dez vezes.

Até meados de 2014, o BPF apresentava limitações significativas em termos de aplicabilidade e capacidade de programação, o que restringia seu impacto na comunidade de desenvolvedores. No entanto, a situação começou a mudar quando a versão estendida (eBPF) foi lançada. Implementada no *kernel* do Linux na versão 3.18, marca um avanço importante que expandiu seu potencial.

Na época, os maiores contribuidores foram Alexei Starovoitov e Daniel Borkmann, que criaram várias funcionalidades novas, como monitoramento de desempenho, segurança e outros tipos de eventos.

Logo após o lançamento do eBPF, programadores ao redor do mundo rapidamente começaram a adotá-lo, desenvolvendo aplicações específicas que demonstravam seu potencial. Dentre esses, Brendan Gregg se destacou por sua contribuição significativa e também como um influente divulgador da tecnologia. Gregg, um autor amplamente reconhecido que escreveu diversos livros sobre desempenho de sistemas, também escreveu um livro exclusivamente sobre eBPF, lançado em 2019.

Importante mencionar que uma empresa foi criada para ampliar o desenvolvimento e a promoção do eBPF, fundada por alguns dos principais contribuidores do eBPF, incluindo Thomas Graf, um dos pioneiros na aplicação do eBPF no Linux. A Isovalent é conhecida principalmente por ser a criadora e principal mantenedora do Cilium, projeto *open source* que utiliza eBPF para fornecer e melhorar a segurança de rede, observabilidade e escalabilidade para aplicações em *containers* e Kubernetes.

Atualmente muitas das empresas digitais mais importantes do mundo usam eBPF em produção, tais como Meta, Google e Netflix. Todos os dispositivos móveis com o sistema operacional Android também utilizam eBPF para monitorar tráfego de rede.

E o mais falado na comunidade de eBPF é que isso tudo é só o começo: muitas inovações serão implementadas usando essa revolucionária tecnologia que veio para ficar.

O que é eBPF e como ele funciona?

O lançamento do BPF foi um marco muito importante no *kernel* do Linux, pois tornou-se uma nova forma de programar dentro do próprio *kernel*, sem necessariamente ter que criar um módulo específico para isso.

Em linhas gerais, é uma forma de executar programas dentro do *kernel* de forma segura e com desempenho muito superior comparado a rodar em *user space*. Esses programas são escritos geralmente em uma linguagem de alto nível, como C, e depois compilados para um formato *bytecode*, que o *kernel* pode executar dentro de uma máquina virtual eBPF.

Isso oferece aos desenvolvedores uma flexibilidade incrível para estender as capacidades do *kernel* e interagir com dados em *kernel space* sem os riscos associados a modificações diretas do *kernel* ou a módulos terceiros que poderiam trazer instabilidades.

Depois da compilação, quando o *bytecode* é carregado, ele passa por uma série de verificações para garantir que não existam *loops* infinitos, acesso de memória inválidos ou outras operações que poderiam criar instabilidade ou algum problema de segurança no sistema.

Após a validação, finalmente ele é executado dentro de uma máquina virtual eBPF e tem acesso a uma série de estruturas de dados dentro do *kernel*, como mapas, eventos ou até outros programas eBPF, dando inúmeras opções que abrem muitas possibilidades para o desenvolvimento de ferramentas de diagnóstico e monitoramento avançadas.

Por que o eBPF é importante para a observabilidade?

Atualmente vivemos em um mundo com vários sistemas monolíticos compartilhando grandes servidores e microsserviços distribuídos rodando em *containers* com servidores efêmeros de curta duração. Mas, independentemente do *stack*, o sistema operacional é o grande responsável por conseguir rodar qualquer tipo de aplicação, não importa a arquitetura escolhida.

A maior parte das ferramentas de observabilidade, tanto comerciais quanto *open source*, requer a instalação de agentes e sensores nos sistemas operacionais e nas próprias aplicações para coletar as métricas necessárias. Esse processo pode resultar em uma sobrecarga significativa, além de enfrentar o desafio da falta de padronização. Com cada ferramenta adotando sua própria metodologia de coleta de dados, surge uma diversidade de abordagens que pode complicar a integração e a análise de informações de maneira coesa.

Quando discutimos o uso de *profilers*, a complexidade aumenta, especialmente se considerarmos a operação contínua dessas ferramentas. Dependendo do tipo de *profiler* utilizado - determinístico, que captura todas as chamadas de funções de uma aplicação, ou por amostragem, que minimiza o uso de recursos para reduzir o *overhead* de desempenho –, medir a quantidade de ciclos de CPU consumidos por cada classe ou função de um software pode exigir uma quantidade significativa de recursos do servidor.

De fato, uma vez que a maioria das operações fundamentais, desde chamadas de sistema até operações de I/O de *storage* e rede, passa pelo *kernel*, os dados necessários para a observabilidade já se encontram neste ponto. No entanto, em um passado não muito distante, não havia uma ferramenta que permitisse explorar esse modelo de forma eficaz e em tempo real. O advento do eBPF revolucionou a maneira como podemos aproveitar essas informações diretamente do *kernel*, abrindo novas possibilidades para a coleta e análise de dados de observabilidade, sem os *overheads* tradicionalmente associados a tais operações.

Por isso vemos que a cada dia empresas renomadas de produtos de observabilidade começam a suportar a coleta de métricas e telemetria utilizando eBPF, além do mundo *open source* também começar a impulsionar essa iniciativa.

O papel do eBPF na observabilidade moderna

Um dos grandes diferenciais de utilizar o eBPF frente a modelos tradicionais de coleta de métricas e telemetria é a flexibilidade de coletar dados de sistemas em produção sem a necessidade de gerar sobrecarga de processamento ou alguma forma de instrumentação invasiva, como mudanças em código-fonte ou mesmo instrumentação binária. Esse avanço tecnológico permite uma nova era de monitoramento e diagnóstico, capacitando desenvolvedores e administradores de sistemas com muito mais visibilidade sobre o funcionamento interno de suas aplicações e infraestrutura.

- ✓ **Minimização do *overhead*.** O eBPF tem alto desempenho e opera diretamente no *kernel* com uma sobrecarga mínima, permitindo a coleta de dados em tempo real praticamente sem afetar o desempenho do sistema. Abordagens tradicionais, muitas vezes baseadas em *polling* ou instrumentação invasiva, podem introduzir latências significativas, especialmente em sistemas com alta demanda.
- ✓ **Flexibilidade e agilidade.** Diferentemente das ferramentas tradicionais, que exigem recompilações ou reinicializações do sistema para modificar a instrumentação, o eBPF permite que os usuários injetem e modifiquem a instrumentação de forma dinâmica e em tempo real. Isso proporciona uma adaptabilidade incomparável em ambientes de produção mais dinâmicos.
- ✓ **Visibilidade abrangente.** Enquanto muitas ferramentas de monitoramento se concentram em aspectos específicos do sistema, como o tráfego de rede ou métricas de aplicação, o eBPF oferece uma visibilidade abrangente. Ele pode observar chamadas de sistema, operações de rede, manipulações de arquivo e interações entre processos, fornecendo uma imagem completa do sistema.
- ✓ **Segurança e isolamento.** O verificador de programas do eBPF que roda dentro do *kernel* garante que apenas código previamente verificado seja executado, minimizando riscos de segurança associados à execução de código arbitrário no *kernel*. Abordagens tradicionais podem exigir módulos ou *patches* que apresentam riscos de segurança e potencial para instabilidade do sistema.
- ✓ **Portabilidade e compatibilidade.** Programas eBPF são executados em uma máquina virtual dentro do *kernel*, o que significa que são portáteis entre diferentes arquiteturas de hardware, sem a necessidade de adaptação. Ferramentas tradicionais muitas vezes dependem de características específicas do hardware ou do sistema operacional, limitando sua aplicabilidade.
- ✓ **Ecossistema e comunidade.** O eBPF beneficia-se de um ecossistema crescente e uma comunidade ativa de desenvolvedores. Isso resulta em uma constante inovação e uma variedade de ferramentas e bibliotecas que facilitam o emprego

do eBPF para diversos casos de uso. Em contraste, muitas abordagens tradicionais estão vinculadas a soluções proprietárias ou plataformas específicas que podem não evoluir tão rapidamente.

Desenvolvendo com eBPF

Desde o início, o eBPF foi concebido com o objetivo de incentivar desenvolvedores a criar aplicações específicas para ele. No entanto, desenvolver software em um nível tão fundamental apresenta desafios consideráveis. Com o tempo, para superar essas dificuldades, diversas bibliotecas e ferramentas foram desenvolvidas com o propósito de simplificar e auxiliar na criação de novos serviços e aplicações baseadas em eBPF. Nesse contexto, vamos destacar algumas das principais ferramentas e bibliotecas nesse domínio, descrevendo suas características, usos e como podem ser empregadas para desenvolver aplicações eBPF eficientes.

A jornada do eBPF e o desenvolvimento de suas ferramentas e bibliotecas começaram a tomar forma significativa nos anos seguintes à sua introdução no *kernel* do Linux, em 2014. Uma das primeiras e mais influentes ferramentas a surgir foi o BCC (*BPF Compiler Collection*), lançado pela equipe da IOVisor em 2015. O BCC trouxe uma camada de abstração para desenvolvedores que simplificou a escrita, a compilação e a execução de programas eBPF, principalmente quando desenvolvidos em C, Python e Lua, o que permitiu aos desenvolvedores aproveitarem o poder do eBPF com uma curva de aprendizado menos íngreme. Essa ferramenta democratizou o uso do eBPF, permitindo a criação de aplicativos mais eficientes de monitoramento de desempenho, análise de rede e segurança.

À medida que o eBPF continuava a ganhar tração, a necessidade de ferramentas mais acessíveis e robustas tornou-se evidente. Em resposta, foi lançado em 2018 o projeto **BPFtrace**, uma ferramenta de *tracing* de alto nível para Linux baseada em eBPF. O BPFtrace se destacou por permitir a criação de *scripts* de *tracing ad-hoc* com uma sintaxe simples, sem a necessidade de compilar um programa em C, abrindo ainda mais o campo para profissionais de sistemas e desenvolvedores que desejavam explorar os benefícios do eBPF, mas sem se aprofundar em suas complexidades.

Além disso, a biblioteca **libbpf**, extraída do *kernel* do Linux, facilitou o desenvolvimento de programas eBPF em *user space*, permitindo uma interação eficiente e direta com o sistema eBPF do Linux. Importante destacar que, embora a **libbpf** auxilie no carregamento e gerenciamento de programas eBPF, sua execução ocorre no *kernel*, não no *user space*.

O **bpftool** é uma ferramenta criada a partir da **libbpf**, lançado em 2018, que oferece uma interface de linha de comando para a gestão e inspeção de programas e mapas eBPF no *kernel* do Linux, permitindo que usuários carreguem programas eBPF, obtenham informações detalhadas sobre os programas e mapas existentes, e manipulem essas entidades.

Mais recentemente, começaram a ser lançados novos projetos *open source* de bibliotecas para criar aplicações em eBPF com suporte a diferentes linguagens, como, por exemplo, o **ebpf-go** para Golang e **Aya** para Rust.

Exemplos práticos de como criar aplicações eBPF

Um exemplo interessante que pode ser observado é uma aplicação que captura as chamadas de sistema, que mandam sinais para os processos, detectando o sinal "kill -9" em um sistema operacional Linux. Isso pode ser muito útil para descobrir o motivo de algumas aplicações deixarem de funcionar.

O código *open source* desta aplicação BPF, construída em C, pode ser consultado no repositório GitHub (<https://github.com/niclashedam>). Essa aplicação permite listar todos os processos que recebem o sinal **SIGKILL (-9)**, mostrando um importante exemplo de como uma simples aplicação pode conseguir ajudar a descobrir falhas em um sistema.

Outro exemplo utilizando Python e BCC, descrito a seguir, pode ajudar a rastrear chamadas de sistema **open()** e imprimir seus detalhes.

```
From bcc import BPF

# Programa eBPF
bpf_program = """
#include <uapi/linux/ptrace.h>
# include <linux/fs.h>

int trace_sys_open(struct pt_regs *ctx, const char __user *filename,
int flags)
        bpf_trace_printk("Opening file: %s\\n'', filename);
        return 0;
}
"""
```

```
#Carregar eBPF
bpf = BPF(text=bpf _ program)

#Anexar função eBPF ao syscall open
bpf.attach _ kprobe(event="do _ sys _ open", fn _ name="trace _ sys _ open"

#exibir saída
Print("Tracing open syscalls… Hit Ctrl-C to end.")
while 1:
     try:
          (task, pid, cpu, flags, ts, msg) = bpf.trace _ fields()
          print(f"{ts:.6f}: {msg}")
     except KeyboardInterrupt:
          exit()
```

Este *script* usa BCC para injetar um código eBPF, que rastreia chamadas para abrir arquivos. Quando o evento ocorre, ele imprime o nome do arquivo sendo aberto.

Utilizando as ferramentas do pacote bpftrace

O **bpftrace** é uma ferramenta poderosa para análise e monitoramento de sistemas Linux, e vem com um pacote de *scripts* prontos para serem usados por um administrador de sistemas. Essas ferramentas cobrem uma ampla gama de funcionalidades, desde monitoramento de desempenho até a análise de rede e o rastreamento de *system calls*. A seguir, exploraremos alguns dos exemplos mais significativos de como essas ferramentas prontas podem ser utilizadas para facilitar diagnósticos complexos e monitoramento de sistemas com eficiência e precisão.

- ✓ **biosnoop.** É uma ferramenta indispensável para monitorar a latência de operações de I/O, proporcionando *insights* valiosos sobre o desempenho dos discos. Ela rastreia operações de leitura/escrita no disco em tempo real, permitindo identificar gargalos e otimizar o desempenho do *filesystem*.
- ✓ **cachestat.** Para entender como os dados estão sendo cacheados no sistema, **cachestat** monitora a eficiência do *cache* de páginas do *kernel*, proporcionando uma visão clara da relação de eficiência (*hit ratio*) das páginas cacheadas. Esta ferramenta é essencial para otimização da memória e para entender o comportamento do *cache* em diferentes cargas de trabalho.
- ✓ **execsnoop.** Esta ferramenta serve para rastreamento de processos sendo executados no sistema, monitorando chamadas ao **exec()** em tempo real e

fornecendo uma visão clara de quais programas estão sendo iniciados, por quem e quando. É particularmente útil para análise de segurança e auditoria de atividades do sistema.

- ✓ **opensnoop.** É uma ferramenta para monitorar chamadas ao **open()**, revelando quais arquivos estão sendo acessados pelos programas. Isso é extremamente útil para diagnosticar problemas de aplicação, permitindo verificar se um programa está tentando acessar arquivos inesperados ou enfrentando problemas de permissões.
- ✓ **runqlat.** Mede a latência do *run queue* do *scheduler* do Linux, o que pode indicar a eficiência com que os processos estão sendo agendados para execução. Latências elevadas na fila de execução podem sugerir uma alta carga de trabalho no sistema ou a necessidade de ajustes no agendamento de processos.
- ✓ **tcplife.** Rastreia conexões TCP, reportando a duração e o tráfego total de cada conexão estabelecida e finalizada. Esta ferramenta é crucial para análise de rede, ajudando a identificar conexões de longa duração ou com grande volume de dados, potencialmente indicando transferências de dados suspeitas ou gargalos de rede.
- ✓ **vfsstat.** Monitora as chamadas ao *Virtual File System* (VFS), oferecendo uma visão geral de atividades de alto nível no sistema de arquivos, como abertura, leitura, escrita e fechamento de arquivos. Isso pode ajudar a identificar padrões de acesso ao disco e potenciais gargalos no desempenho do *filesystem*.

Exemplo real de como empresas estão usando eBPF para melhorar a observabilidade

A Netflix é uma das maiores plataformas de *streaming* de vídeo do mundo e opera uma das mais significativas infraestruturas de distribuição de conteúdo na internet. Garantir a entrega de vídeo de alta qualidade e a segurança da infraestrutura são prioridades máximas para seu time de tecnologia.

A equipe de engenharia da Netflix enfrentava desafios significativos em termos de visibilidade em rede e segurança, precisando de uma solução que permitisse monitoramento em tempo real e capacidades avançadas de filtragem de tráfego para proteger contra ataques de rede, que estavam sendo cada vez mais frequentes.

Com isso, a Netflix adotou o eBPF (muito também por conta de terem contratado Brendan Gregg) para melhorar a observabilidade e a segurança de sua infraestrutura de rede. Utilizando o eBPF, eles foram capazes de fazer várias evoluções em sua tecnologia.

Com o eBPF, criaram regras de segurança dinâmicas, que se adaptam às mudanças de padrões de tráfego, ajudando a mitigar ataques DDoS e outras ameaças de segurança de forma proativa.

Também implementaram sistemas avançados de filtragem de pacotes que operam na camada do *kernel*, resultando em menor latência e maior eficiência na filtragem de tráfego malicioso.

Com essas e outras implementações realizadas com sucesso, a capacidade de monitorar e responder a incidentes em tempo real permitiu à Netflix manter a alta qualidade do serviço e a segurança de sua infraestrutura, mesmo diante do crescente volume de dados.

O futuro do eBPF, tendências emergentes e inovações

Enquanto o eBPF foi originalmente projetado para trabalhar em *kernel space*, há uma tendência crescente de aplicá-lo em *user space*. Isso permite uma programação mais segura e eficiente, facilitando a criação de aplicações complexas, que podem interagir com o *kernel* sem modificar seu código.

O eBPF está se tornando uma ferramenta essencial para a automação e a orquestração em ambientes de nuvem, permitindo a implementação de políticas de rede dinâmicas e adaptativas e melhorando a eficiência operacional em infraestruturas de nuvem distribuídas. Também atua na vanguarda das inovações em segurança de rede, possibilitando novas formas de detecção de intrusão, prevenção de ataques e análise de tráfego em tempo real. A capacidade de aplicar lógica de segurança complexa diretamente no *kernel* sem impactar o desempenho é um grande avanço.

O uso do eBPF para monitoramento de desempenho de aplicações está se expandindo, com a capacidade de coletar métricas detalhadas sobre o comportamento da aplicação em produção sem introduzir latência significativa.

Com o eBPF, as ferramentas de observabilidade estão se tornando mais sofisticadas, sem necessariamente ficarem mais complexas, oferecendo *insights* mais profundos sobre o sistema e o comportamento da aplicação. Isso inclui a visualização de chamadas de sistema, monitoramento de rede e análise de desempenho de aplicações em detalhes sem precedentes.

Está emergindo uma tendência de integrar eBPF com sistemas de IA e *machine learning* para análise de dados de rede e observabilidade. Isso pode permitir a detecção automática de padrões anormais, otimização de desempenho e previsão de problemas antes que a infraestrutura seja afetada.

E, finalmente, o eBPF está começando a ser explorado para dispositivos *edge* e IoT, permitindo a implementação de políticas de segurança e monitoramento de desempenho diretamente nesses dispositivos, melhorando a eficiência e a segurança na borda da rede.

12. Quando utilizar *logs*, métricas e *traces*?

Luiz Renato Mazza

Para considerar uma aplicação com adequada capacidade de observabilidade, devemos orientar seu desenvolvimento com os pilares de *logs*, métricas e *trace* bem definidos, avaliando também a linguagem de programação, *frameworks* e bibliotecas, e se todos estão devidamente configurados e aderentes à arquitetura e à infraestrutura que suportam o sistema-alvo.

A implementação de uma funcionalidade possui definições e refinamentos do problema de negócio, de quais tecnologias serão utilizadas, integrações entre sistemas etc. A observabilidade deve ser igualmente planejada, especificando quais informações serão necessárias para identificar um problema, para um *troubleshooting* e como será realizada essa monitoria.

Neste capítulo abordaremos o que são esses pilares, com indicações de soluções de mercado nas principais linguagens de programação e, a partir de um exemplo, analisar a abordagem sugerida.

Logs

Capturar e armazenar *logs* é sem dúvida a prática mais comumente utilizada para identificação e resolução de incidentes. *Logs* são, independentemente do formato (ex.: texto, JSON, binário), um objeto composto por um carimbo de tempo (*timestamp*) associado a dados que descrevem um evento de qualquer natureza.

Se o problema em questão estiver limitado a um único processo ou poucos elementos relacionados, o *log* é bastante efetivo como único instrumento para determinar a causa de um incidente. Em soluções distribuídas, é importante o uso de campos identificadores, propagados por toda a execução, que garantam a unicidade da transação, permitindo que a partir deles sejam identificados todos os pontos de execução e falha.

Os *logs* podem ser gerados com diferentes níveis de detalhamento (*verbose*), uma função que pode auxiliar no controle de informações geradas em diferentes ambientes. Também podem, por exemplo, utilizar um nível mais detalhado em ambiente de desenvolvimento para identificar um erro de codificação, porém esse mesmo nível não deve ser necessário em ambiente produtivo.

Os níveis de *log* normalmente suportados pelas bibliotecas são:

- ✓ ***Trace***: o mais detalhado, o qual pode ser utilizado para análises complexas de cada passo da execução de um algoritmo. Este tipo de *log* gera muita informação, não sendo recomendado que seja mantido ligado por longos períodos.
- ✓ ***Debug***: menos detalhado que o *trace*, mas ainda com mais informações que o normalmente necessário. Os *logs* do nível de *debug* devem conter informações precisas para o diagnóstico do problema e *troubleshooting* em ambiente de testes.
- ✓ ***Info***: nível padrão de *log*, utilizado para informar que algo aconteceu ou alguma ação foi realizada.
- ✓ ***Warn***: mostra que algo inesperado aconteceu na aplicação, mas não indica que a aplicação falhou, apenas que algo ocorreu e pode ter afetado um processo.
- ✓ ***Error***: o nível de erro indica que a aplicação se deparou com alguma falha ou problema que pode afetar uma de suas funcionalidades, mas ainda há opções para não causar indisponibilidade.
- ✓ ***Fatal***: a aplicação encontrou algum ponto de falha, o qual pode tornar a aplicação indisponível.

As principais linguagens de programação e *frameworks* atuais possuem bibliotecas para geração de *logs*, havendo ainda alternativas populares para escolha da qual melhor deve atender às necessidades da aplicação. Algumas bibliotecas ou implementações podem impactar a performance do sistema, causando alto consumo de recursos para escrita dos **logs** em arquivos, fato que torna mais importante o uso adequado do nível de verbosidade a cada registro.

A biblioteca **Log4j2** é muito presente no mercado, sendo compatível com Java, Kotlin, Python, Ruby, C# e C++. Ela é reconhecida por sua boa performance e customização, com possibilidades de direcionar o *log* para mais de uma saída (ex.: arquivo e console), com *layouts* (ex.: JSON, CSV, texto) e filtros que auxiliam na seleção de mensagens específicas para cada saída.

Outra alternativa para aplicações Java é utilizar o **logback**, que possui performance e customização simplificada em relação ao **Log4j2**. Implementa a possibilidade de saída de *log* para console, arquivo e banco de dados. Para aplicações com alto fluxo de *logs*, o **logback** pode aumentar o consumo de recursos.

Algumas linguagens de programação, como Node.js, possuem diversas alternativas de bibliotecas para *log*, sendo a principal a **pinojs**, que produz *logs* em formato JSON por padrão, é bem customizável e suporta *log* assíncrono para melhoria de performance, mas aumenta o risco de perder informações. Outra opção é o **log4js-node**, que possui integração com mensageria, SMTP, Logstash e Graylog. É simples de ser configurado, embora dependa de pacotes extras para suporte a JSON.

Métricas

São representações numéricas do estado dos sistemas ao longo do tempo. Métricas são fundamentais não somente para entender o comportamento dos sistemas, como também para outra função extremamente importante no gerenciamento de sistemas complexos, os alertas. Enviar alertas sempre foi uma prática importante, e, no caso de ambientes distribuídos complexos, é fundamental que esses alertas, além de simplesmente engajar as pessoas necessárias para o tratamento de um incidente, também sejam capazes de prover visibilidade imediata do problema e dos seus impactos.

Definir quais métricas gerar e monitorar é um grande desafio, pois depende de entender as funcionalidades, as dependências e os comportamentos do sistema. Alguns elementos importantes de serem monitorados são de infraestrutura, como consumo de CPU, consumo de memória, *workload*, I/O (rede e disco) e espaço em disco.

Também devemos ter métricas das requisições recebidas pela aplicação, como quantidade de transações com sucesso e com erros e tempo de resposta. A aplicação também pode gerar métricas customizadas, como total de *logins* efetuados com sucesso, erros, total de sessões ativas, entre outras pertinentes ao produto a que se refere.

Para expressar as diversas dimensões de uma mesma métrica, como, por exemplo, se houve sucesso ou erro, é possível utilizar rótulos. A combinação do nome de uma métrica com o conjunto de rótulos expressa uma dimensão.

As duas métricas a seguir possuem o mesmo nome, mas representam dimensões diferentes, por apresentarem uma combinação de rótulos diferentes:

- ✓ Requisições HTTP POST com sucesso: http_requests_total { status_code="2xx" }
- ✓ Requisições HTTP POST com erro: http_requests_total { status_code="5xx" }

A geração de métricas nas aplicações pode ser realizada de forma automática ou manual, com customizações importantes para o seu monitoramento.

Algumas soluções de APM (*Application Performance Management*) podem ser utilizadas para instrumentar automaticamente a aplicação ou o ambiente, trazendo métricas de infraestrutura, dependências e fluxos. Como exemplos de APMs temos: NewRelic, AppDynamics, Dynatrace e DataDog.

Para gerar métricas customizadas, alguns APMs disponibilizam bibliotecas para as principais linguagens de programação do mercado, porém também é possível implementar utilizando o *framework open source* **OpenTelemetry** (OTel), que é compatível com a maioria dos APMs, facilitando a interoperabilidade sem demandar esforço de desenvolvimento.

Trace

Tracing é a capacidade de rastrear o caminho completo da execução de uma requisição ou transação através do sistema. Em sistemas distribuídos, conseguir entender o fluxo das requisições, quais serviços foram acionados e quanto tempo foi gasto em cada um deles é fundamental para definir onde está o problema. Sem a capacidade de isolar os prováveis pontos de atenção, como, por exemplo, os serviços que estejam com um tempo de resposta muito elevado, é impossível melhorar o MTTR (*Mean Time To Repair* – tempo médio para reparo).

Para o efetivo rastreio entre os sistemas e correlação com os *logs*, é importante que o mesmo identificador da transação seja propagado e utilizado em todos os pontos de execução.

A maioria dos APMs conta com a instrumentação automática, normalmente adicionando um agente na infraestrutura ou como parâmetro para o processo que inicia a aplicação. A ferramenta *open source* Jaeger é uma alternativa aos APMs, também sendo compatível com OpenTelemetry e possuindo instrumentação automática, com possibilidade de customização que permite a adição de trechos mais específicos, com *spans* e valores necessários para o acompanhamento da execução.

Como utilizar?

Considere o cenário de implementação do *login* do usuário em um sistema, no qual são executados os seguintes passos:

1. Validação se o usuário existe e está ativo
2. Verificar se a senha confere
3. Consultar o perfil do usuário
   a) Busca informações do usuário
   b) Busca permissões do usuário

Os sistemas envolvidos:

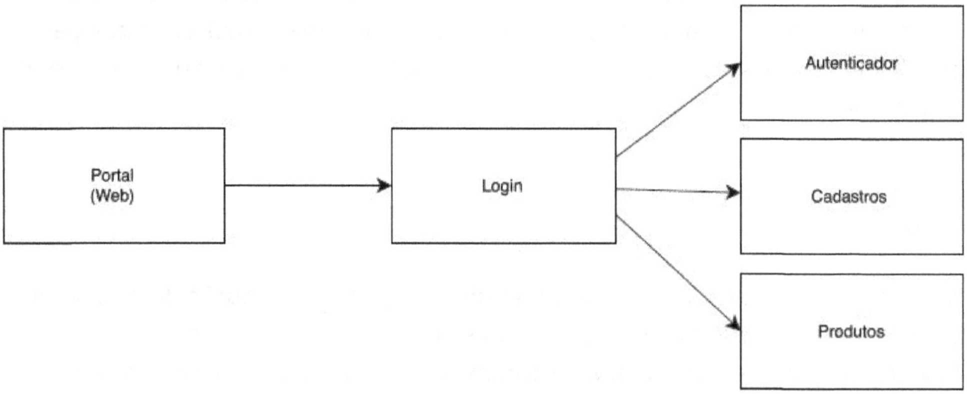

Figura 12.1. Fluxo do sistema de exemplo.
Fonte: o autor.

A aplicação de *login* poderia ter *logs*, métricas e *tracing* para cenários de sucesso, erro de autenticação, cadastro do usuário inativo ou com alguma restrição, sistema de produtos inoperante ou o cliente não possuir acesso a nenhum produto. Dessa forma, poderiam ser gerados dados de observabilidade conforme a seguir:

✓ *Logs*:
- *info*: tentativa de *login* para o usuário X
- *warn*: usuário X não existe ou senha inválida
- *error*: autenticador indisponível
- *info*: usuário X autenticado com sucesso
- *info*: consultando cadastro do usuário X
- *warn*: usuário X inativo
- *warn*: usuário X com bloqueio

  - *error*: cadastro indisponível
  - *info*: consultando produtos do usuário X
  - *warn*: usuário X não possui produtos ativos
  - *error*: sistema produtos indisponível
- ✓ Métricas:
  - Quantidade de *logins* (rótulos)
    - ◊ com sucesso
    - ◊ com falha de autenticação
    - ◊ com falha de cadastro
    - ◊ sem produtos ativos
  - Quantidade de erros por autenticador indisponível
  - Quantidade de erros por cadastro indisponível
  - Quantidade de erros por produto indisponível

Conclusão

De acordo com o apresentado neste capítulo, pode-se concluir que os pilares mencionados são complementares e não excludentes um do outro. É possível conviver com o uso de apenas um deles; porém, quanto maior a aplicação, o volume de acessos ou quão mais distribuído for o sistema, mais importante se torna possuir a solução completa.

Para cada objetivo é importante planejar e utilizar a ferramenta correta, considerando capacidade computacional para processar e manter os dados disponíveis, assim como o custo dessa infraestrutura. Um padrão corporativo de implementação pode reduzir o processamento dos dados na infraestrutura de observabilidade, não sendo necessárias transformações de dados. Considere utilizar *logs* para análises de problemas, que podem ser focados em um usuário, integração ou erro sistêmico, métricas para acompanhamento em *dashboards* com geração de alertas e *traces* para investigar o ponta-a-ponta da execução, principalmente em sistemas distribuídos.

Considerar a observabilidade como pré-requisito para o início de um novo projeto torna mais simples pensar em cada funcionalidade com a inclusão de *logs*, métricas e *tracing* necessários, entregando em produção um produto sustentável.

13. Ferramentas de ETL para movimentação de grandes volumes de dados

William Lino

Com o advento dos termos *data warehouse*, *big data*, *machine learning* e inteligência artificial, surgiu uma gama de ferramentas necessárias para armazenar, minerar e consequentemente extrair dados de diversas fontes, enriquecê-los, transformá-los e carregá-los em bancos de dados ou *storages* capazes de suportar uma volumetria gigantesca, hoje na casa dos *petabytes*.

Neste capítulo veremos algumas ferramentas que podemos utilizar para essa finalidade, de maneira que os dados fiquem padronizados, permitindo seu consumo e interpretação de forma estruturada.

Coletores

Os coletores são ferramentas desenvolvidas com a finalidade de consumir dados de um determinado sistema ou infraestrutura (métricas de serviços de uma determinada *cloud*, por exemplo) e por fim armazenar essas métricas em um banco de dados, chamado de *time series database* ou banco de dados de séries temporais, que será abordado a seguir.

Esses coletores são construídos de maneira específica para cada situação, ou seja, os desenvolvedores precisam conhecer bem o sistema de origem a fim de saber quais métricas o sistema externaliza, sendo assim capazes de consumir essas métricas em determinado formato e de compreender o estado do sistema monitorado.

Alguns exemplos de coletores são:

- ✓ YACE (*Yet-Another-Cloudwatch-Explorer*).
- ✓ Azure-metric-exporter.
- ✓ GPC-Exporter.

Estes são exemplos de coletores para os serviços de métricas das principais *clouds* do mercado, mas existem coletores para sistemas tradicionais como NGINX e PostgreSQL.

Time series databases

Os bancos de dados de séries temporais são sistemas construídos e otimizados para armazenamento de dados em tempo real, com máxima eficiência e com uma marcação de tempo, ou seja, todo registro armazenado em uma determinada tabela do banco de dados deve ser marcada com data, hora, minuto, segundo e microssegundo seguido do GMT (tempo médio de Greenwich). Essa data muitas vezes é citada como carimbo de tempo ou *timestamp*.

Esses bancos de dados temporais são considerados NoSQL, ou seja, não possuem a mesma estrutura de um banco de dados relacional, formado por tabelas e relacionamentos. Esses bancos de dados são compostos por diversos arquivos. A seguir explicaremos os componentes mais importantes:

- ✓ **Bloco**: um bloco no disco é uma coleção de *chunks* para distribuição do *range* de tempo (2h), que consiste em seu próprio índice. Um bloco é imutável. Reescreva o bloco inteiro caso precise alterar algo.
- ✓ ***Chunk***: o diretório do *chunk* contém uma sequência de arquivos numerados, preenchidos com dados de séries temporais. Cada *chunk* é limitado em 512 MB.
- ✓ **Índice**: um índice contém os ponteiros que serão utilizados pelas *queries* para recuperar um dado de um bloco. Cada bloco possui um arquivo de índice.
- ✓ ***Head***: o bloco *head* contém um WAL (*Write-Ahead-Log*) para escritas consistentes e duráveis. *WAL chunks* muito antigos são retirados da memória e vão para o bloco persistente.

Há a possibilidade também de utilizarmos outro *time series database* para armazenar esses dados. Um dos exemplos mais utilizados e que também é graduado pela CNCF (*Cloud Native Compute Foundation*) é o **Cortex**, banco de dados com alta capacidade de escalar horizontalmente, podendo suportar *petabytes* de dados.

Sistema de monitoramento

Os sistemas de monitoramento são responsáveis por integrar e/ou executar os coletores descritos e possuem outras funcionalidades, como sistema de alertas, envio de mensageria, integração com serviços externos, APIs etc.

Uma das principais ferramentas de monitoramento do mercado atualmente é o Prometheus. Com ele podemos utilizar inúmeros coletores com integração nativa e diversas funcionalidades, como gerenciador de alertas, *dashboard* interativo, gerenciador de acessos etc.

O Prometheus é considerado um *time series database*, podendo também ser utilizado para armazenar as métricas consumidas em tempo real, para posteriormente apresentação em um *dashboard* interativo, como, por exemplo, na ferramenta de visualização Grafana.

Ferramentas de ETL para consumo de métricas e enriquecimento de informações

Neste tópico serão abordadas algumas ferramentas de ETL (*Extract, Transform and Load*) para correlação de métricas técnicas do sistema alvo com informações de negócio, permitindo o enriquecimento de visões analíticas para orientar decisões gerenciais e executivas.

Os dados de negócio, muitas vezes, estão armazenados em bancos de dados dos sistemas transacionais da empresa ou até mesmo em *data warehouses* ou *data lakes* já enriquecidos por informações tratadas e prontas para serem apresentadas em *dashboards* gerenciais para tomada de decisão da gestão empresarial.

Mas como esses dados saem da camada transacional para a camada analítica residente nos *lakes*? A partir das ferramentas de extração, transformação e carga ou ETL (*Extract, Transform and Load*). Elas são capazes de se conectar a uma gama de fontes de dados, que vão desde arquivos TXT, CSV e planilhas Excel até bancos de dados como MySQL, PostgreSQL, Microsoft SQL Server, Oracle, MongoDB etc.

A partir dessas fontes de dados a ferramenta de ETL possui mecanismos de correlação, alteração, concatenação, bem como cálculos complexos para posterior carga no repositório de dados tratados. Os destinos para os dados podem ser outros bancos de dados relacionais ou os famosos *data lakes*, que podem ser compostos de um ou mais serviços de armazenamento.

Por fim, temos a apresentação dos dados em *dashboards* analíticos, fornecendo uma visão gerencial e amigável da correlação de métricas técnicas com dados de negócio, facilitando decisões executivas. Esses *dashboards* podem ser construídos em ferramentas analíticas como Grafana ou similares. O maior valor nesse tipo de processo é entregar informações qualificadas e com leitura didática para *insights* poderosos.

Considerações finais

As ferramentas de ETL possuem grande capacidade de consumir dados de forma massiva a partir de fontes diversas, correlacioná-los e enriquecê-los de forma a entregar informação altamente relevante para o negócio, permitindo observar o comportamento da instituição de maneira holística. As ferramentas de ETL estão intimamente ligadas ao consumo de dados para observabilidade de ambientes tecnológicos, bem como informações de negócio, apoiando a alta gestão em sua tomada de decisão.

14. Testes funcionais e a observabilidade

Felipe Chicralla

Introdução

Na jornada de desenvolvimento de software, a etapa de qualidade e testes se tornou essencial para a entrega contínua de software. Com adoção de metodologias ágeis, orienta-se promover entregas recorrentes com incremento de software em produção, e não mais uma versão do software pronto ao final do projeto. Dessa forma, o modelo de qualidade e testes precisa ser tão ágil quanto toda a esteira de desenvolvimento de software. Essa etapa é o que garante que não se tenham *bugs* e que as funcionalidades entregues estejam de fato agregando o valor esperado pelo negócio.

Há diversas formas de categorizar os tipos de testes. Algumas que podemos citar são:

- ✓ **Testes unitários:** preveem o funcionamento individual de cada componente separado.
- ✓ **Testes de integração:** verificam se as integrações com o serviço alterado seguem funcionando corretamente.
- ✓ **Testes funcionais:** verificam se a funcionalidade ajustada está de acordo com o especificado.
- ✓ **Testes regressivos:** verificam as funcionalidades já existentes para garantir que uma nova funcionalidade não impacte o que já estava funcionando.

Além disso, é possível fazer testes de desempenho e de segurança, para saber se a aplicação corre algum risco de falhar ou ter alguma brecha de segurança quando entregue em produção.

É comum que os cenários de teste sejam definidos antes do desenvolvimento da funcionalidade. Com isso, o desenvolvedor já sabe o que e como precisará construir para atender aos testes. Isso também facilita o trabalho do analista de QA (*Quality Assurance*), que é responsável pelos roteiros e cenários de teste. Essa é uma forma de diminuir o número de *bugs* e simplificar o processo de qualidade dentro do ciclo de desenvolvimento de software.

Como percebido, essa é uma etapa imprescindível no desenvolvimento de software e que está em franca evolução, por exemplo, utilizando ferramentas de testes automatizados, qualidade de código e testes de vulnerabilidades. No entanto, essa etapa é sempre atribuída a testes das funcionalidades e jornadas críticas de negócio, sem vistas para a observabilidade já implantada nos sistemas.

Diferença entre testar funcionalidades e testar observabilidade

Testar uma aplicação é a forma que temos de pensar em todos os cenários que podem dar errado durante uma operação normal e, com isso, garantir que nenhum erro ocorra no ambiente de produção. Há diversas ferramentas de automação de testes que viabilizam esse tipo de controle.

Porém, normalmente, a etapa de testes consiste em validar se as funcionalidades estão livres de falhas e assegurar que o cliente não perceberá nenhuma quebra nas jornadas. Afinal, o foco dos testes é de fato o cliente e sua experiência. Quando falamos de observabilidade dentro das aplicações, estamos nos referindo ao modelo de *logs*, validação de consistência e integridade, além da usabilidade, itens que, a princípio, não são perceptíveis ao cliente final. Dessa forma, quando os analistas de QA definem as histórias de usuário, que serão testadas ao final da entrega, as personas são sempre usuários do sistema. Não é comum se deparar com um cenário de teste do tipo: "o gestor de tecnologia precisa saber se algo deu errado no sistema".

Portanto, quando falamos de testar a observabilidade do software durante as entregas, isso consiste em validar se todos os itens de rastreabilidade estão funcionando corretamente. É muito comum esses testes não serem feitos em ambientes de homologação por alguns motivos:

- ✓ Necessidade de acelerar as entregas e testar o mínimo necessário.
- ✓ Massa de dados insuficiente.
- ✓ Peças de testes não funcionam da mesma forma que na produção.
- ✓ Ferramentas de monitoramento e processamento de *logs* no ambiente de homologação não têm a mesma robustez que em ambiente de produção.

- ✓ Algumas peças de produção não existem em homologação e, portanto, não é possível fazer testes extensivos.
- ✓ Dificuldade de simular os dados e cenários.

Dentro das aplicações, é comum haver diversos processos assíncronos que geram *logs* e enviam informações para outros sistemas. Nos testes da jornada do cliente, normalmente as chamadas síncronas são validadas, porém o que o usuário não é capaz de validar acaba sendo descartado nos testes – e esse é um dos pontos de atenção. Para o negócio, o que acontece nos bastidores deve estar funcionando; sem mensagens de erros ou falhas sistêmicas apresentadas na interface da aplicação, assume-se que tudo está funcionando adequadamente.

Testes de observabilidade são feitos do ponto de vista do responsável técnico pela aplicação. Requerem massa de testes e buscam garantir que os mecanismos para identificar e resolver problemas antes que aconteçam estejam funcionando corretamente. Os testes muitas vezes requerem segmentar em peças internas, que quebram fluxos assíncronos e cenários que não são visíveis aos usuários. Além disso, *dashboards*, regras de processamento de *logs* e geração de eventos em ferramentas de monitoramento devem ser acessados em ambiente específico para teste e, com isso, permitir a visualização dos resultados dos cenários testados.

Dicas para execução de testes de observabilidade

Mantenha o ambiente de testes muito semelhante ao ambiente produtivo

Muitas vezes, não é possível validar os monitoramentos e *dashboards* de observabilidade pelo fato de que o ambiente de testes não é equivalente ao de produção. Gerenciar as mesmas regras que existem em ambiente de produção e migrar isso para o ambiente de testes pode ser trabalhoso e, com isso, os ambientes se tornam distintos. Pode ser que um *log* esteja de fato chegando à ferramenta de monitoramento, mas, com o formato diferente, não é processado adequadamente. Às vezes, a solução pode ser tão simples quanto ajustar a regra criada para geração de eventos, porém, até que se perceba a falha, é possível que diversos problemas passem despercebidos.

Teste também o sucesso

Para simplificar, muitas vezes monitoramos e acompanhamos apenas os *gaps* e erros encontrados. Isso pode ser uma forma de economizar espaço de armazenamento de *logs* ou evitar uma sobrecarga de processamento que impacte a performance do sistema. No entanto, a ausência de sucessos também pode ser considerada um problema – talvez não para a funcionalidade, que segue ativa, mas para a observabilidade, que, na prática, não está observando nada. Sem a visibilidade de que os dados estão sendo armazenados com sucesso, pode-se cair na armadilha de que não há nenhum problema, quando ele apenas não está sendo contabilizado adequadamente.

Faça testes de rastreio

É claro que não dá para fazer testes de todos os casos, mas escolha alguns casos diferentes para analisar, para ver se os *logs* estão sendo registrados de forma correta e dentro do padrão. Novamente, a ausência de erro não significa que esteja tudo bem; pode significar que não estamos olhando pelo ângulo correto.

Siga acompanhando em produção

A complexidade do ambiente de produção pode não ser facilmente reprodutível no ambiente de teste e, portanto, podem existir comportamentos e cenários que não foram previstos nem testados. Utilize casos reais e analise *logs*, monitoramentos e *dashboards*. Qualquer divergência do esperado pode entrar como evolução do modelo de observabilidade adotado. Caso o ambiente produtivo possua resiliências, é possível aproveitar cenários de teste de caos e também testar os resultados da observabilidade.

Force erros

No ambiente de testes, desligue componentes, force chamadas indevidas e passe dados de forma incorreta. Verifique como os *logs* estão sendo armazenados em cada cenário e se os erros criados aparecem da forma que deveriam aparecer. Muitas vezes, para evitar que o usuário faça uma ação indevida, colocam-se travas na interface e nos serviços para rejeitar informações inválidas. No entanto, em algum momento essas travas podem falhar e é importante garantir que essas falhas serão detectadas adequadamente.

Conclusão

Com este capítulo, espero ter abordado a importância de se testar o modelo de *logs* e monitoramentos desenvolvido junto à aplicação, para, dessa forma, garantir uma observabilidade acurada. Aplicações com grande maturidade de *logs* e monitoramentos podem viabilizar detecções mais rápidas de falhas, em especial em cenários de *deploys* faseados, como as estratégias de *deploy blue/green* ou *deploy* canário.

Além disso, testes de resiliência, conforme cenários previstos em testes de *chaos engineering*, são uma excelente oportunidade de testar se os monitoramentos realmente são efetivos ou se é preciso ajustar algo para evoluir.

15. OpenTelemetry: o caminho para a observabilidade moderna

Etianne Torres Chan

Desempenho e observabilidade: a importância no mundo dos negócios contemporâneos

No ritmo acelerado do mundo dos negócios contemporâneos, a relevância das aplicações de alto desempenho se torna cada vez mais evidente. Seja uma plataforma de *e-commerce*, que processa milhares de transações por minuto, ou um serviço em nuvem, utilizado por milhões de usuários, o sucesso de um negócio está frequentemente associado ao desempenho e à confiabilidade das aplicações *versus* a experiência obtida pelos usuários em suas jornadas de consumo.

Aplicações lentas e indisponíveis podem acarretar uma série de consequências negativas, como perda de receita, danos à reputação e diminuição da produtividade. Clientes insatisfeitos com carregamento lento ou falhas frequentes podem abandonar compras, cancelar assinaturas e até mesmo migrar para concorrentes. Da mesma forma, a indisponibilidade de serviços críticos pode gerar custos adicionais e comprometer a imagem da empresa.

Por outro lado, aplicações de alto desempenho oferecem diversos benefícios que impulsionam o crescimento e a competitividade das empresas. Clientes satisfeitos com um site rápido e confiável são mais propensos a retornar e realizar mais compras, contribuindo para o aumento da receita. Uma boa experiência do usuário também gera avaliações positivas, comentários elogiosos e sua fidelização, fortalecendo a reputação da marca. Além disso, funcionários que possuem acesso rápido e confiável às ferramentas e dados necessários podem trabalhar de forma mais eficiente e produtiva, elevando o rendimento geral da equipe.

Investir em aplicações de alto desempenho é mais do que uma simples escolha técnica; é uma decisão estratégica essencial para o sucesso de qualquer empreendimento. Ao garantir que suas aplicações sejam ágeis, confiáveis e escaláveis, as empresas podem elevar sua receita, fortalecer sua reputação e impulsionar a eficiência, conquistando assim uma vantagem competitiva expressiva no mercado.

Para alcançar esse objetivo, é fundamental identificar e resolver os gargalos que podem retardar ou indisponibilizar as aplicações. Isso inclui otimizar o código, adotar uma infraestrutura adequada, implementar sistemas de *cache* eficientes, monitorar e ajustar constantemente seu desempenho. Seguindo essas práticas, as empresas podem garantir que suas aplicações operam sempre no auge de sua capacidade, promovendo um sucesso duradouro a longo prazo.

Observabilidade: um conceito vital na engenharia de software

Nos meios tecnológicos contemporâneos, o termo "observabilidade" tem ganhado destaque, mas suas origens remontam à Teoria do Controle, introduzida por Kalman em 1960. Inicialmente empregada na engenharia de máquinas industriais, a observabilidade expandiu-se para diversas áreas, incluindo a tecnologia da informação, graças ao avanço tecnológico e à proliferação de sistemas distribuídos. Na esfera do desenvolvimento de software e das arquiteturas de microsserviços distribuídos, a observabilidade desempenha um papel vital.

Para muitos desenvolvedores, a noção de observabilidade remonta aos primórdios da sua jornada na programação. O modesto "Hello World", marcando o início de tudo, representava mais do que apenas um simples exercício; era uma confirmação tangível de progresso e competência. Embora esse exemplo possa parecer rudimentar hoje em dia, ele desempenhou um papel primordial no aprendizado inicial. Agora, quando discutimos observabilidade, evocamos uma compreensão mais abrangente dos eventos em todo o sistema, permitindo que as equipes de operações compreendam instantaneamente como uma alteração em um serviço afeta outros e, em última análise, os usuários finais.

Para Gomez Blanco (2023, p. 217-229), um sistema observável é aquele que, a qualquer momento, nos permite determinar com total precisão o comportamento de seus componentes por meio da análise dos dados de telemetria que são gerados. Sem observabilidade, torna-se impossível exercer um controle eficaz sobre o sistema, pois a capacidade de observar e compreender o efeito das mudanças implementadas é essencial para fechar o ciclo de *feedback* e garantir o funcionamento desejado.

A observabilidade refere-se à capacidade de coletar, analisar e interpretar dados de telemetria de forma contínua. Esses dados incluem métricas de desempenho, *logs* de eventos e rastreamentos de solicitações. Os principais benefícios da observabilidade são:

- ✓ **Diagnóstico de problemas:** a observabilidade permite que desenvolvedores localizem com precisão a origem de falhas e gargalos de desempenho.
- ✓ **Otimização de desempenho:** a análise dos dados de telemetria possibilita a identificação de oportunidades para otimizar o desempenho, melhorando a experiência do usuário e a escalabilidade da infraestrutura.
- ✓ **Segurança aprimorada:** a observabilidade contribui para a segurança do sistema ao detectar e mitigar atividades maliciosas e tentativas de invasão.
- ✓ **Tomada de decisões estratégicas:** compreender detalhadamente o comportamento do sistema permite que os tomadores de decisões orientem suas escolhas com base em dados concretos, otimizando investimentos e estratégias.

OpenTelemetry: uma solução para a observabilidade tradicional

À medida que os projetos se tornam mais complexos e a necessidade de *insights* mais profundos sobre o comportamento do software se intensifica, os métodos tradicionais de instrumentação se tornam insuficientes. É nesse momento que a busca por soluções mais robustas e escaláveis se torna vital.

Felizmente, a área da observabilidade tem avançado significativamente, oferecendo um leque de ferramentas e métodos para atender às necessidades dos sistemas modernos. Ferramentas como o **OpenTelemetry** se destacam ao proporcionar uma abordagem abrangente e integrada para coletar e analisar dados de telemetria, incluindo métricas, *logs* e rastreamentos.

O OpenTelemetry aponta para o futuro ao unificar a coleta de dados de diversas fontes e formatos. Flexível e adaptável, essa plataforma se ajusta a diferentes ambientes e linguagens de programação, simplificando a integração com infraestruturas já existentes. Desenvolvido pela *Cloud Native Computing Foundation* (CNCF), o OpenTelemetry estabelece padrões e protocolos para a coleta e o encaminhamento de métricas, *logs* e *traces* para plataformas de monitoramento. Ele surgiu da fusão de dois projetos de código aberto preexistentes: o *OpenCensus* e o OpenTracing).

É importante frisar que o OpenTelemetry não atua como um *backend* de observabilidade por si só. Ele não substitui ferramentas como Prometheus, Splunk, Datadog, Dynatrace ou Jaeger. Sua principal função é coletar e formatar dados de telemetria de forma padronizada, podendo ser enviado para o *backend* de observabilidade de sua preferência. Isso traz benefícios como a coleta padronizada de dados, independentemente da tecnologia ou do provedor de nuvem, além da flexibilidade de escolha do *backend*, ajudando na redução de custos e sendo suportado por grandes *players* do mercado de observabilidade.

Apesar de os termos *telemetry* (telemetria) e OpenTelemetry estarem relacionados à observabilidade de sistemas, há diferenças importantes entre eles. A **telemetria** é um conceito amplo que vai além da simples coleta de dados, incluindo sua análise em relação ao funcionamento de sistemas, dispositivos ou processos (CARDEN; JEDLICKA; HENRY, 2002). No contexto tecnológico, a telemetria é crucial para observar e gerenciar sistemas complexos, como software, hardware e infraestrutura de rede, possibilitando a detecção rápida de falhas e anomalias, além de permitir a tomada de decisões embasadas em dados concretos.

O **OpenTelemetry**, por sua vez, é uma plataforma de código aberto que estabelece padrões para a coleta e exportação de dados de telemetria. Ao contrário da telemetria genérica, o OpenTelemetry concentra-se na instrumentação de aplicativos e sistemas, sendo adaptável a diferentes linguagens, infraestruturas e ambientes de execução. Ele não possui um *backend* próprio de armazenamento de dados, o que proporciona flexibilidade para o usuário escolher seu próprio destino de dados. Integrando o OpenTelemetry em sua base de código nativa da nuvem, você terá acesso a *insights* detalhados sobre o desempenho e comportamento de suas aplicações, facilitando a identificação e resolução rápida de problemas.

A imagem a seguir, representada a partir da obra de Wansart et al. (2024), apresenta a arquitetura de um sistema de observabilidade, demonstrando como diferentes componentes trabalham em conjunto para coletar, analisar e visualizar dados de telemetria de um sistema distribuído.

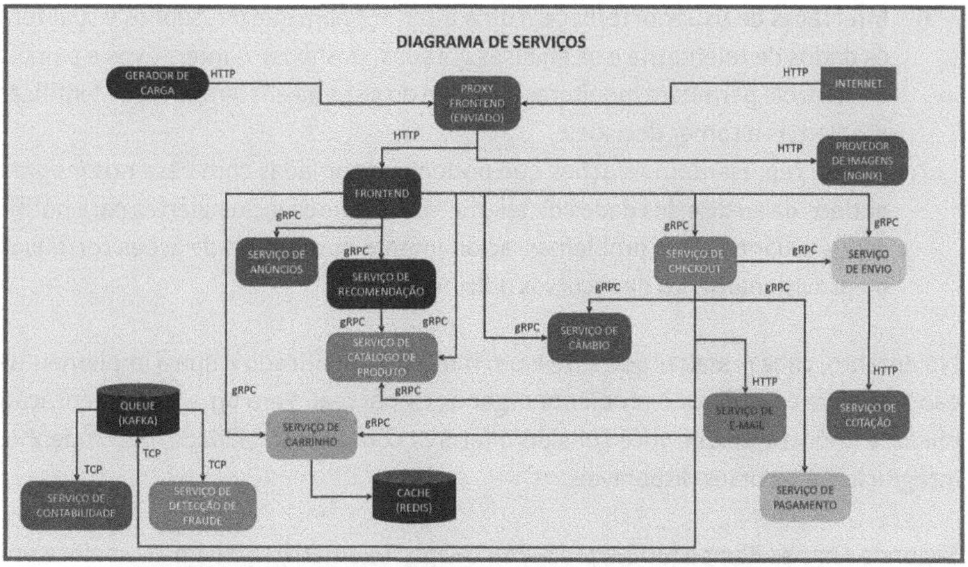

**Figura 15.1. Demonstração de arquitetura de um sistema de observabilidade.
Fonte: adaptado de Wansart et al. (2024).**

Identificamos os seguintes componentes:

1. **Fontes de dados:** representam os componentes do sistema que geram dados de telemetria, como aplicações, *containers*, microsserviços, infraestrutura de rede e dispositivos de IoT.
2. **Coletores de dados:** são responsáveis pela recepção e coleta de dados. O OpenTelemetry atua como um coletor unificado, capturando métricas, *logs* e *traces* de diferentes fontes.
3. **Processadores de dados:** recebem os dados de telemetria coletados e os transformam em um formato padronizado e estruturado. Essa etapa pode envolver a agregação de dados, a filtragem de informações irrelevantes e a conversão de formatos de dados.
4. **Armazenamento de dados:** armazena os dados de telemetria processados para consultas e análises posteriores. Bancos de dados NoSQL, como InfluxDB e Elasticsearch, são frequentemente utilizados para armazenar grandes volumes de dados de telemetria.
5. **Analisadores de dados:** permitem a análise dos dados de telemetria armazenados para identificar padrões e anomalias sobre o comportamento do sistema. Ferramentas de análise de dados como Grafana e Kibana são utilizadas para visualizar e explorar os dados.

6. **Interfaces de usuário:** fornecem uma interface para que os usuários visualizem os dados de telemetria e as análises geradas. *Dashboards* interativos e painéis de controle permitem monitorar o estado do sistema em tempo real, identificar problemas e tomar decisões.
7. **Ações:** representam as ações que podem ser tomadas com base nos *insights* obtidos da análise dos dados de telemetria. Isso pode incluir alertas para notificar os usuários sobre problemas, acionamento automático de ações corretivas ou provisionamento de recursos adicionais.

No entanto, cabe ressaltar que esse é um modelo simplificado e que a implementação real deve considerar o ambiente organizacional real. Para uma implementação eficaz, é importante que você considere fatores como escalabilidade, desempenho, integrações e recursos disponíveis.

Segundo Gomez Blanco (2023, p. 15-24), o OpenTelemetry também estabelece um conjunto de diretrizes para nomenclatura, protocolos e formatos de transmissão de dados. Isso simplifica a instrumentação para os desenvolvedores, garantindo compatibilidade com vários fornecedores. Para os clientes, proporciona uma comunicação clara, utilizando especificações amplamente aceitas pela maioria dos *players* do mercado. Além disso, para os *Product Owners*, oferece uma análise eficiente de sistemas complexos, reduzindo o esforço cognitivo e evitando mal-entendidos durante a resolução de incidentes. Para os fornecedores de observabilidade, assegura uma padronização de ferramentas de análise automática, facilitando a depuração baseada em padrões abertos e unificados.

Explorar <https://opentelemetry.io/community/mission/> é uma excelente forma de conhecer os princípios fundamentais do OpenTelemetry, especialmente sua missão declarada.

Contraste entre métodos convencionais e o *framework* OpenTelemetry: transformando o monitoramento de operações

Métodos convencionais para monitorar operações frequentemente recorrem ao uso de agentes de coleta ligados a um único fornecedor, além de protocolos e plataformas de *backend* exclusivos. Essa abordagem pode levar a uma dependência excessiva de um único fornecedor.

Em contrapartida, o OpenTelemetry introduz um paradigma inovador para o monitoramento de operações, incentivando o uso de padrões abertos e compatíveis para a coleta, o processamento e a transmissão de dados de telemetria. Com APIs e protocolos uniformizados, o OpenTelemetry possibilita uma independência de fornecedores, simplificando a migração entre diferentes plataformas de telemetria. Isso diminui a dependência de fornecedores específicos, oferecendo às organizações a liberdade de escolher suas ferramentas e assegurando a consistência das camadas de coleta e transmissão durante mudanças entre diferentes sistemas ou alternativas de código aberto.

Instrumentação automática: simplificando a telemetria em aplicativos Java

O projeto OpenTelemetry oferece um conjunto de ferramentas valiosas para facilitar a implementação de telemetria em aplicações Java. Através de bibliotecas de instrumentação automática, o OpenTelemetry elimina a necessidade de modificações manuais no código do aplicativo, otimizando o processo e minimizando o esforço do desenvolvedor.

Essas bibliotecas, implementadas por meio de técnicas como injeção de *bytecode*, envolvimento de métodos ou *monkey patching*, garantem a instrumentação automática de diversas bibliotecas e *frameworks* comuns, capturando dados relevantes para análise e aprimoramento do desempenho da aplicação.

Para ilustrar o funcionamento da instrumentação automática, utilizaremos um exemplo de aplicativo Java. O processo inicia com a definição de um recurso, um conjunto de atributos chave-valor que identificam o produto da telemetria. Esses recursos, imutáveis e combináveis com outros recursos, permitem a adição de informações sobre o sistema operacional, o *host* e o processo, por exemplo.

Na sequência, as bibliotecas de instrumentação podem ser inicializadas e configuradas de duas maneiras: modelo de *zero-touch* ou modelo de implementação. No modelo de *zero-touch*, o código permanece inalterado, com o SDK do OpenTelemetry e as bibliotecas sendo inicializados por um componente separado e independente do código instrumentado. Já no modelo de implementação, a configuração e a inicialização são realizadas pelo desenvolvedor como parte do código do aplicativo.

Para aplicar a instrumentação automática em nosso exemplo Java, podemos utilizar o agente Java do OpenTelemetry. Após baixar o agente, o aplicativo é iniciado com o agente anexado e o nome do serviço configurado como propriedade do sistema. Essa ação instrui o agente a instrumentar automaticamente o aplicativo e exportar a telemetria gerada para ferramentas que podem verificá-la.

Modelos de implantação OpenTelemetry

A escolha das plataformas de telemetria e observabilidade pode ser uma decisão complexa para as organizações, influenciada por diversos fatores, como custo, recursos disponíveis e suporte a sistemas legados (GOMEZ BLANCO, 2023). No entanto, o OpenTelemetry se destaca por sua capacidade de oferecer aos proprietários de aplicativos a autonomia de decidir como exportar a telemetria para essas plataformas, sem interferir na instrumentação subjacente. Vamos explorar dois cenários para entender melhor como a telemetria pode ser gerenciada em diferentes contextos.

No cenário sem OpenTelemetry, consideremos uma aplicação em execução em um *cluster* Kubernetes, gerando métricas, *logs* e *traces* durante sua operação. A coleta de métricas é realizada por uma ferramenta específica, enquanto os *logs* são capturados pela saída padrão/erro e redirecionados para arquivos locais, antes de serem enviados para uma plataforma de observabilidade externa. Da mesma forma, os *traces* são exportados diretamente para o *backend* da plataforma. Este cenário, embora funcional, pode ser complexo de gerenciar e configurar, especialmente em ambientes distribuídos e de grande escala.

Agora, consideremos um cenário alternativo, onde utilizamos o SDK OpenTelemetry para instrumentação direta em uma aplicação de *e-commerce*. Nesse caso, o objetivo é monitorar vários aspectos do sistema, como o fluxo de pedidos, o desempenho dos serviços e os eventos de negócios. Para isso, utilizamos as APIs do OpenTelemetry para adicionar *spans* e métricas no código da aplicação, coletando também *logs* detalhados com informações de contexto relevante. Esses dados são então exportados para uma plataforma de observabilidade compatível, utilizando o formato OTLP para garantir a interoperabilidade. Com isso, podemos analisar e visualizar os dados coletados, criando *dashboards* personalizados e correlacionando *logs* e métricas para entender melhor o comportamento do sistema.

Em resumo, de acordo com Gomez Blanco (2023), o OpenTelemetry oferece uma solução flexível e poderosa para a gestão de telemetria em ambientes nativos de nuvem. Seja optando por uma abordagem sem o OpenTelemetry, com a configuração manual de ferramentas de coleta, ou pela instrumentação direta com o SDK, é essencial compreender as necessidades específicas do ambiente e da aplicação para garantir uma implementação eficaz de telemetria.

Desafios na implementação do OpenTelemetry

Embora o OpenTelemetry ofereça um caminho promissor, sua implementação pode apresentar alguns desafios, especialmente para empresas com infraestrutura complexa e sistemas legados. A seguir, detalharemos alguns dos principais obstáculos que podem ser encontrados:

Tabela 15.1. Desafios para adoção do OpenTelemetry.
Fonte: a autora.

Desafio	Descrição
Integração com sistemas legados	Integrar o OpenTelemetry com sistemas legados não projetados para coleta de telemetria moderna requer o desenvolvimento de adaptadores ou *wrappers* personalizados. Essa tarefa pode ser trabalhosa e demorada.
Treinamento e mudança de cultura	A adoção do OpenTelemetry exige treinamento para desenvolvedores e equipes de operações, a fim de compreender conceitos, APIs e ferramentas envolvidas. Além disso, mudar a cultura organizacional para abraçar a observabilidade como um processo contínuo é fundamental para o sucesso da implementação.
Escolha e gerenciamento de ferramentas	Com o amplo ecossistema de ferramentas compatíveis com o OpenTelemetry, a seleção da solução ideal pode ser desafiadora. Avaliar fatores como custo, funcionalidade, integrações e suporte é necessário para garantir que a ferramenta atenda às necessidades específicas da organização.
Governança e segurança de dados	A coleta e o armazenamento de grandes volumes de dados de telemetria exigem práticas robustas de governança e segurança. É importante definir políticas claras de acesso, retenção e criptografia para garantir a confidencialidade, integridade e disponibilidade das informações.
Monitoramento e resolução de problemas	A implementação do OpenTelemetry não substitui a necessidade de monitorar e solucionar problemas em sistemas complexos. Estabelecer processos eficientes para identificar e resolver anomalias, erros e problemas de desempenho é essencial.

Futuro do OpenTelemetry

O *OpenTelemetry* se encontra em constante evolução, com novas funcionalidades, ferramentas e integrações sendo desenvolvidas continuamente. As principais tendências que irão moldar o futuro do *OpenTelemetry* incluem:

- ✓ **Padronização e adoção ampliada:** a crescente adoção do OpenTelemetry por grandes empresas e fornecedores de tecnologia está impulsionando a padronização e a interoperabilidade entre diferentes ferramentas e plataformas.
- ✓ **Integração nativa com nuvem:** o *OpenTelemetry* está sendo integrado nativamente às principais plataformas de nuvem, como AWS, Azure e Google Cloud.
- ✓ **Inteligência artificial e aprendizado de máquina:** a integração de IA e ML com o OpenTelemetry pode automatizar tarefas como a detecção de anomalias, a correlação de eventos e a previsão de problemas, aprimorando ainda mais a observabilidade.
- ✓ **Observabilidade de serviços *mesh* e funções sem servidor:** o OpenTelemetry está sendo adaptado para atender às necessidades de observabilidade de serviços *mesh* e funções sem servidor, ambientes cada vez mais populares na era da computação em nuvem nativa.

Conclusão

Ao contrastar métodos convencionais com o *framework* OpenTelemetry, é evidenciado que este último representa um avanço significativo na simplificação e padronização da instrumentação de aplicações. Sua capacidade de unificar a coleta de dados de telemetria de diversas fontes e formatos, sem depender de fornecedores específicos, oferece liberdade de escolha às organizações.

A implementação do *OpenTelemetry* em diferentes plataformas e tecnologias, conforme ilustrado nos exemplos apresentados, destaca sua versatilidade e adaptabilidade. Seja em microsserviços, contêineres, funções sem servidor, aplicações *web* ou infraestrutura em nuvem, o OpenTelemetry se mostra uma solução capaz de atender às necessidades de observabilidade em uma variedade de cenários.

Com o apoio de uma comunidade em crescimento e um ecossistema de ferramentas em constante evolução, a expectativa é que o OpenTelemetry continue a desempenhar um papel de vanguarda para observabilidade em nuvem.

16. Observabilidade em processamento *batch*

Jose Carvalho (Joca)

Introdução

Processamento *batch* é definido como um conjunto de instruções e procedimentos encadeados com o objetivo de processar de forma eficiente grandes volumes de dados por meio de tarefas cíclicas e agendadas.

Ao programar as tarefas de processamento *batch*, podemos controlar os momentos de carga e descarga dos grandes volumes de dados, permitindo um consumo eficiente dos recursos computacionais e reduzindo impactos nos serviços de integração e resposta aos clientes.

Apesar da constante evolução das tecnologias para manipulação de grandes volumes de dados, muitas organizações ainda mantêm sistemas legados, que não possuem desempenho suficiente para processamento em tempo real. O processamento *batch* facilita a integração desses sistemas legados, com soluções modernas por meio de fluxos assíncronos, permitindo sua convivência harmoniosa. Além disso, durante o processamento *batch* é possível implementar controles que garantam a consistência e a integridade dos dados, uma vez que as operações podem ser cuidadosamente planejadas e verificadas durante cada ciclo de execução.

Existem muitas ferramentas que apoiam a observabilidade do processamento *batch*, portanto, antes de determinar qual utilizar, é importante considerar as necessidades específicas do seu ambiente, a facilidade de integração e a profundidade de análise oferecida por cada opção.

Os principais desafios para implementação da observabilidade em processamentos *batch* envolvem o crescimento contínuo da própria malha de processamento e a demanda de negócio, que exige cada vez mais automação em seus fluxos operacionais. Soma-se a isso a evolução tecnológica e sua complexa integração e convivência com sistemas legados, infraestrutura dispersa e ambientes heterogêneos, contando com *big data*, *containers*, microsserviços, IoT (*Internet of Things*), *machine learning* e *multi cloud*.

Outro fator determinante é a exigência cada vez maior de informações atualizadas em tempo real, sendo este um paradoxo para processamento *batch*, que busca previsibilidade de entrega dos fluxos de processamento com rigorosos SLAs, como alternativa para gerenciar essa expectativa.

Por esse motivo, a necessidade de estabelecer uma visão *end-to-end* como um mecanismo de alinhamento ao negócio é uma tendência irreversível na busca por habilitar previsibilidade e *insights* preventivos para antecipar a detecção de problemas e subsidiar análise de causa-raiz em situações de comprometimento de SLA.

Pilares da observabilidade

Ao aplicar as práticas de observabilidade em fluxos de processamento *batch*, é necessário revisar os conceitos de métricas, *logs* e *traces* no âmbito *batch*, para facilitar sua compreensão e também identificar oportunidades de evolução:

- ✓ **Métricas**: podem existir muitas métricas para fluxos *batch*, pois normalmente métricas customizadas são decorrentes de *insights* mapeados em incidentes e demandas de negócio. Ainda assim, podemos apontar as métricas mais comuns, como a quantidade de rotinas agendadas, quantidade de execuções, duração da execução, consumo de recursos (CPU, memória, disco, servidor e afins) e contadores de conclusão (sucesso, falha, com atraso, com retentativa). São todos dados quantificáveis e classificáveis provenientes das etapas de planificação (agendamento) e execução dos fluxos *batch*, que habitualmente podem ser extraídos da ferramenta de gerenciamento *batch*, mesmo as mais simples.
- ✓ ***Logs***: cada rotina executada pode externalizar seu resultado de execução como um evento a ser observado, permitindo enriquecer e qualificar sua conclusão. O mecanismo de *logging* é essencial para determinar a causa de interrupções abruptas em fluxos *batch*, que também são conhecidas como ABEND (*abnormal end*). O motivo de um ABEND ocorrer é diverso, desde falha no acesso de recursos por falta de permissão ou concorrência, passando por falhas de integração com outros sistemas e fluxos até falhas de sua própria lógica interna. Justamente por conta dessa diversidade de gatilhos que promovem a interrupção, é muito importante registrar detalhes da falha em sua saída padrão ou

repositório específico, com o objetivo de permitir análise posterior, suportando o reinício do fluxo *batch* de maneira segura e consistente, além de possibilitar o direcionamento de trabalhos de melhoria para mitigar recorrências.

✓ ***Traces***: a rastreabilidade de operações em fluxos *batch* pode suportar diversas necessidades, desde trilhas de auditoria, diagnóstico de ABENDs e execuções com alto tempo (atrasos e *loopings*) até subsidiar visões de negócio, ao externalizar metadados do resultado de cada ciclo de execução do fluxo *batch*. Imagine uma rotina de processamento *batch* responsável por atualizar a tabela de estoque de produtos em uma base de dados. Ao concluir essa operação com sucesso ou falha, pode ser interessante registrar metadados dessa atualização, como a quantidade de produtos atualizados na tabela estoque. Essa informação poderá ser útil futuramente para configurar alertas, prover trilhas de auditoria ou até mesmo realizar um reprocessamento controlado, evitando duplicidades de operações.

As informações provenientes de métricas, *logs* e *traces* podem ser utilizadas como insumos para definir indicadores de desempenho do serviço de processamento *batch*, também conhecido como SLI (*Service Level Indicator*), e consequentemente suportar o mapeamento dos objetivos de entrega, conhecidos como SLOs (*Service Level Objectives*). Por fim, é possível estabelecer um acordo de entrega com clientes e áreas de negócio, o SLA (*Service Level Agreement*). Ao estabelecer acordos de entrega (SLA) para fluxos de processamento *batch*, direcione os principais esforços e recursos para atender à necessidade e à expectativa de entrega ao cliente.

Observabilidade orientada ao negócio

Ao observar e estudar estatísticas, registros de eventos e metadados que compõem a série histórica dos fluxos *batch*, será possível identificar padrões de comportamento, períodos sazonais e consequentemente projetar tendências, buscando maior previsibilidade para entrega dos objetivos e acordo estabelecidos por meio de rigorosos planos de capacidade, instrumentação de alertas, gerenciamento de demandas e mudanças.

Em especial, a configuração de alertas proativos para detectar condições anormais ou eventos críticos é prática fundamental para controle e supervisão dos objetivos de entrega do serviço de processamento *batch*. Para isso, a equipe de desenvolvimento deve incorporar métricas e eventos na construção das rotinas *batch*, permitindo a detecção antecipada de problemas para resposta tempestiva desses eventos, minimizando o impacto operacional e mantendo a integridade dos sistemas.

Manter um histórico detalhado das execuções do processamento *batch* é valioso para compreender o comportamento do sistema e promover comparações da situação normal (*baseline*) com eventos capturados por observabilidade, potencializando o processo de monitoramento.

Ferramenta de apoio

Alguns ambientes e empresas possuem malhas gigantescas de processamento *batch*, contendo milhares de rotinas agendadas que promovem milhões de execuções diárias. Para conseguir gerenciar todos esses fluxos extraindo toda a observabilidade pertinente e ainda buscar oportunidades de melhorias e resolver incidentes, é impensável não utilizar uma ferramenta de apoio.

Neste capítulo não será recomendada nenhuma ferramenta específica. Vamos sinalizar quais características devem ser exigidas para apoiar o gerenciamento do serviço de processamento *batch*, em especial suas práticas de observabilidade. É fundamental que a ferramenta selecionada para gerenciamento dos fluxos *batch* tenha os seguintes atributos:

- ✓ **Observação:** deve externalizar métricas individuais de cada rotinas, contemplando desde a etapa de planejamento (agendamento da rotina) até sua execução e conclusão, especialmente para casos com interrupção abrupta, os famosos ABENDs. Adicionalmente, deve conseguir manter séries históricas (base de dados) das métricas e correlacionar com registro de eventos (*logging*), permitindo potencializar a capacidade de observação por meio de alertas.
- ✓ **Resposta:** deve permitir a integração com plataformas de automação para viabilizar uma resposta automatizada no tratamento de alertas e desvios de processamento. Entretanto, a simples integração não permitirá uma resposta efetiva no tratamento de alertas, pois a qualidade do *logging* implementado na lógica das rotinas será fundamental para orientar quais contramedidas devem ser executadas. Caso o mecanismo de *logging* esteja adequadamente construído e qualificado, isso possibilitará inclusive a experimentação de recursos mais modernos e sofisticados para resposta robotizada, como o uso de GenAI (*Generative Artificial Intelligence*).
- ✓ **Planificação:** a construção da malha de processamento *batch* pode atingir alta complexidade, com inúmeras condições de precedência e diversas integrações de fluxos, além dos calendários customizados para controle de recorrência. Esse cenário evidencia a necessidade de empregar técnicas de engenharia para

manter um planejamento consistente, que viabilize execuções harmoniosas da malha de processamento *batch*. Dessa forma, a ferramenta selecionada deve permitir a criação e o gerenciamento de *workflows* robustos para atender às necessidades de negócios, mas também à complexidade de ambientes heterogêneos e de missão crítica.

Conclusão

Neste capítulo foram abordados os conceitos e práticas de observabilidade e como sua aplicabilidade pode ser orientada para fluxos de processamento *batch*, ressaltando a importância de métricas, *loggings* e *traces* para subsidiar dados que ajudem a definir indicadores de desempenho, objetivos e acordos de entrega de fluxos *batch*, mantendo o alinhamento com as estratégias de negócio e a centralidade no cliente. Adicionalmente, foram descritas as principais características que uma ferramenta deve contemplar para apoiar o gerenciamento de serviços de processamento *batch*, facilitando as práticas de observabilidade, respostas a incidentes e planificação de malhas *batch* por meio de técnicas de engenharia de produção. Por fim, espera-se que este capítulo forneça uma visão abrangente de observabilidade aplicada a fluxos de processamento *batch* e possa contribuir em sua jornada de evolução.

17. Observabilidade com testes sintéticos

Patrick de Souza Ferreira

Introdução

Os testes sintéticos garantem a integridade do software no ambiente produtivo e se caracterizam pela avaliação contínua de suas principais funcionalidades e jornadas, reproduzindo a experiência de consumo na perspectiva do usuário.

Embora alguns profissionais possam desconfiar dos testes no ambiente produtivo, associando-os a lançamentos de recursos não testados ou produtos com desempenho duvidoso, os testes em produção desempenham um papel fundamental no processo de desenvolvimento de software, permitindo que a equipe de garantia de qualidade (*QA – Quality Assurance*) observe o comportamento real do software após o respectivo lançamento. Além disso, a execução de testes em um ambiente de produção oferece tempestividade na detecção e mitigação de possíveis *bugs* na produção.

Ao implementar efetivamente os testes sintéticos, as equipes de desenvolvimento podem aprimorar a qualidade do software, garantir uma experiência satisfatória para os usuários e, em última análise, promover o sucesso do produto.

Este capítulo busca explorar os diferentes tipos de testes em produção e seus benefícios. Ao longo das próximas seções, discutiremos as práticas recomendadas para realizar esses testes de forma estruturada.

Ganhos ao utilizar testes sintéticos

A criação de um ambiente de pré-produção demanda um investimento significativo, e ainda assim o resultado pode não refletir precisamente o comportamento do produto em ambiente real. Por esse motivo, muitos desenvolvedores optam por incluir o teste em produção como uma etapa para garantir a integridade do software. Nesta seção, serão exploradas três razões pelas quais é importante a condução de testes diretamente em produção.

1. Maior precisão

Um dos principais ganhos em realizar testes em ambiente produtivo é a obtenção de resultados mais precisos, uma vez que ocorrem no mesmo ambiente em que o produto será utilizado. Esses testes proporcionam maior confiabilidade ao software, pois garantem que os usuários irão experimentar a mesma funcionalidade que foi verificada nos testes sintéticos.

2. Antecipação de inconsistências

Infelizmente, a identificação de erros e *bugs* no início do desenvolvimento leva tempo e esforço. A equipe de qualidade deve criar testes de unidade, verificar o sistema de automação e validar manualmente os fluxos de usuários aplicando dados fictícios. Ainda assim, a equipe pode encontrar dificuldades para conseguir simular o cenário exato para identificação de *bugs* ou erros.

Dessa forma, os testes sintéticos, quando associados com estratégias de implantação *blue/green* ou *canary*, oferecem uma alternativa poderosa para experimentação controlada em produção, permitindo identificar defeitos em tempo real e promover correções tempestivas. O lançamento gradual de recursos pode evitar que implementações ruins afetem negativamente a experiência dos usuários.

3. Aumento da frequência de implementação

O teste em produção orienta o desenvolvimento com *flags/toggles* embarcados na lógica das aplicações, facilitando o chaveamento entre versões e interruptores para isolar funcionalidades com defeito, reduzindo sua superfície de exposição aos usuários em produção. Isso significa que você pode implementar e reverter quaisquer modificações de forma imediata e segura, sem a necessidade de promover um novo *deploy*. Com isso, a equipe de operações pode responder às solicitações dos clientes de forma mais ágil, liberando as alterações conforme a demanda.

Criando testes sintéticos

1. Testes de desempenho

Essa modalidade de teste compreende aferições recorrentes sobre métricas de tempo de resposta e tempo de carregamento (renderização), permitindo comparar as diversas aferições em diferentes cenários, como momentos de alta demanda, rajadas de acessos simultâneos, chaveamentos abruptos ou contingências operacionais. Essas comparações permitirão entender os limites e as condições de funcionamento do seu sistema, principalmente sua recuperação orgânica após momentos de sazonalidade, além de identificar os limiares para afetação na experiência de consumo dos usuários. Adicionalmente, as conclusões obtidas das diversas comparações irão orientar quais mecanismos de proteção e resiliência deverão ser aprimorados, como, por exemplo, a implementação de retentativas (*retries*), *cache* de informações, distribuição de conteúdo por CDN (*Content Delivery Network*), interruptores de falha (*circuit breakers*), chamadas assíncronas etc.

2. Testes em regra de negócio

Ao reproduzir a experiência dos usuários utilizando testes sintéticos, é possível confrontar o retorno recebido, em cada passo, com as regras estabelecidas por negócio para cada jornada de consumo. Ou seja, dados os requisitos de negócio que foram previamente codificados nas funcionalidades da aplicação para cada cenário/jornada de sua aplicabilidade e que possuem um retorno preestabelecido em sua lógica, será possível aferir se cada retorno obtido na perspectiva do usuário está aderente aos requisitos de negócio. Essa modalidade é muito útil para validar o comportamento e a responsividade da aplicação em diferentes públicos, que possuem segmentação de perfil e consequentemente exigem respostas variáveis.

3. Testes de dependências

De forma adicional às modalidades anteriores, os testes de dependências buscam validar o acesso, o desempenho e o funcionamento da aplicação em situações onde sua arquitetura de solução estabeleceu integrações com outros sistemas e consumo de serviços externos. Testes de dependências podem ser extremamente complexos e custosos, pois sua aplicabilidade incorre em uma indeterminada variedade de cenários. Para ilustrar essa variedade e complexidade, um exemplo simples pode ser considerado:

Integração sistêmica: cenário de teste em que o resultado externalizado na experiência do usuário final depende de funcionalidade construída para integração com outro sistema. Por exemplo, ao pagar a conta no restaurante utilizando cartão de crédito, algumas integrações são acionadas em poucos segundos para viabilizar aprovação do pagamento, desde a comunicação do próprio dispositivo *pinpad*, passando por sistemas de antifraude, limites e concessão de crédito do banco até a aprovação final da bandeira do cartão. Tente imaginar quantas diferentes possibilidades de retorno positivo e negativo podem ocorrer, além da combinação de resultados finais ao usuário.

O teste sintético que valida dependências precisará ser robusto o suficiente para interpretar e classificar toda a variedade de cenários e seus resultados. Por isso, seu escopo e sua cobertura serão determinantes para estabelecer sua complexidade e seu custo de manutenção.

Conclusão

Este capítulo abordou a aplicabilidade de testes sintéticos, que reproduzem a experiência de usuários em ambiente de produção, como uma poderosa alternativa para buscar maior qualidade no ciclo de desenvolvimento, principalmente em situações em que os ambientes de pré-produção não possuem as mesmas características da produção, comprometendo a precisão e a completude do trabalho das equipes de qualidade.

É essencial ressaltar que testes sintéticos em ambiente de produção exigem uma construção cuidadosa e uma experimentação controlada, preferencialmente combinada com estratégias de implantação faseada (*blue/green* e *canary*), permitindo controlar sua execução e observação. Ainda assim, dependendo da funcionalidade a ser testada, impedimentos regulatórios e técnicos devem ser estudados antecipadamente.

PARTE III.
OBSERVANDO O NEGÓCIO

18. O preço da visibilidade: estratégia financeira para justificar investimentos em observabilidade

Renan Torres

Introdução

Como já sabemos, a observabilidade apareceu como um pilar fundamental para o sucesso das operações de tecnologia, permitindo que as organizações tenham *insights* poderosos sobre o desempenho, a saúde e o comportamento de seus sistemas e produtos.

Em um mundo impulsionado por tecnologia, a capacidade de prever, diagnosticar e resolver rapidamente problemas é de extrema importância. No entanto, o investimento necessário para implementar ou aprimorar sistemas de observabilidade pode ser substancial, promovendo uma questão crítica: como esses investimentos podem ser justificados financeiramente?

Fundamentos financeiros

Antes de abordar técnicas e métodos para orientar a construção de um *business case*, é importante a revisão conceitual de alguns termos e fundamentos financeiros.

O primeiro termo se refere à Análise e Planejamento Financeiro, também conhecida como FP&A (*Financial Planning & Analysis*), que estabelece o processo de provisão orçamentária, estimativas e projeções, além de análises contábeis para suportar a tomada de decisão que subsidiará o fluxo financeiro para custeio de investimentos e despesas da iniciativa.

O segundo termo se refere à Gestão de Lucros e Perdas, também conhecida como P&L (*Profts & Loss*), que busca otimizar lucros e minimizar perdas para garantir a sustentabilidade financeira da iniciativa.

Garantir o alinhamento do plano de adoção de observabilidade com esses processos e controles permitirá estabelecer uma robusta estratégia para viabilidade financeira das iniciativas de observabilidade.

Por fim, faz-se necessário aplicar essa estratégia a um **caso de negócio**, também conhecido como ***business case***, que busca ofertar e vender uma atraente proposta para sua iniciativa ou projeto, com uma narrativa contundente e respaldada por informações financeiras, mas também enfatizando benefícios e vantagens, financeiros ou operacionais, para justificar os investimentos pleiteados.

Construindo o *business case*

Ao construir o *business case* para justificar os investimentos solicitados, será necessário destacar não apenas os custos de implantação do projeto, mas principalmente os benefícios esperados. Para isso, será essencial embasar a proposta com indicadores de desempenho dos produtos de negócio, buscando evidenciar que, ao adotar a observabilidade, os benefícios serão perceptíveis e mensuráveis por meio das métricas de negócio, estabelecendo um leitura objetiva do retorno sobre o investimento, também conhecido como ROI (*Return on Investments*).

Sabendo que os principais benefícios estão mais fortemente relacionados com disponibilidade, desempenho e resiliência do sistema alvo, podemos ilustrar um caso fictício para facilitar o entendimento da sua correlação com os ganhos de negócio.

Observabilidade para *e-commerce*

Considere uma empresa de *e-commerce*, "CompreOnline.com", que implementou uma solução de observabilidade abrangente. Antes da implementação, a CompreOnline.com experimentava frequentemente indisponibilidade do seu site de compras durante os picos de vendas, resultando em perda de receita significativa e dano à sua reputação e marca.

Com adoção de observabilidade, espera-se que a empresa obtenha ganhos mensuráveis sob os seguintes aspectos:

Redução de indisponibilidade: decorrente das práticas e ferramentas de observabilidade, espera-se evoluir consistente e progressivamente a capacidade de identificar e resolver os alertas e incidentes que afetam o site de compras, reduzindo drasticamente os indicadores de Tempo Médio de Resolução (MTTR – *Mean Time to Repair*) e Tempo Médio entre Falhas (MTBF – *Mean Time Between Failures*), resultando em menor tempo de inatividade, redução da perda de oportunidade e mitigação dos eventuais impactos sobre receita, reputação e imagem.

Para estabelecer estimativas consistentes sobre o benefício da redução de indisponibilidade, faça pesquisas de mercado, contrate consultorias ou até mesmo utilize as projeções mapeadas por empresas que oferecem ferramentas de observabilidade.

Ao identificar e ponderar a estimativa de ganhos para a sua realidade, bastará correlacionar essa projeção com seu histórico de incidentes, buscando evidenciar o impacto que poderia ter sido evitado caso os investimentos já tivessem sido realizados, estabelecendo uma narrativa de causa e consequência, também conhecida como *backtest*.

Aumento de eficiência: proveniente da capacidade de observação, será possível extrair *insights* poderosos sobre o desempenho do sistema. Com isso, a CompreOnline.com conseguirá refinar seu planejamento de capacidade, ajustando sua estratégia de elasticidade para otimizar a utilização de recursos computacionais, reduzindo os custos de infraestrutura e priorizando seu *backlog* de desenvolvimento orientado a erros recorrentes e funcionalidades com maior audiência e receita.

Adicionalmente, a CompreOnline.com poderá potencializar sua observação com as métricas dos quatro sinais de ouro (*golden signals*), também conhecidos como **latência**, **tráfego**, **erros** e **saturação**, conseguindo monitorar a saúde do site de compras e estabelecer Objetivos de Nível de Serviço (*SLO – Service Level Objective*), buscando maior previsibilidade e controle das falhas que podem impactar a experiência de consumo dos seus clientes.

Impacto financeiro: ao definir SLO para os sinais de ouro, a CompreOnline.com evolui sua qualidade do serviço e alinha os objetivos de tecnologia aos objetivos de negócios de maneira mensurável e tangível.

19. Estruturando observabilidade na prática

Willians Aguiar

Contexto

Na jornada de engenharia de confiabilidade, a observabilidade é uma das práticas mais importantes para evoluir o nível de maturidade de uma aplicação. Alcançar um bom nível de monitoramento significa capacitar equipes de tecnologia a monitorar, identificar e diagnosticar problemas em seus ambientes de maneira ágil e precisa.

O ato de observar/monitorar em tecnologia inclui várias formas de tornar um sistema observável, abarcando práticas de desenvolvimento de software, uso de plataformas, ferramentas e técnicas de operação em tecnologia da informação. Dada sua amplitude, existem áreas de especialização que serão exploradas por meio de estudos práticos neste capítulo.

De modo geral, podemos afirmar que as aplicações devem ter um nível de *log* que permita a um desenvolvedor de software identificar *bugs* e uma infraestrutura capaz de fornecer métricas de uso computacional, especialmente em larga escala. Esses dois aspectos – desenvolvimento e infraestrutura – se interconectam por meio de arquiteturas de sistema, técnicas de desenvolvimento de software e ferramentas para operação e monitoramento do ambiente.

A observabilidade de um sistema é aferida por meio da capacidade de externalizar informações do seu estado interno. Uma boa prática a ser adotada são os quatro indicadores de ouro listados a seguir:

- ✓ **Latência:** o tempo que o sistema leva para responder ao cliente.
- ✓ **Tráfego:** volume de acessos ao sistema e respostas fornecidas ao cliente.
- ✓ **Erros:** taxa de erros observada na aplicação.
- ✓ **Saturação:** volume de uso dos recursos pelo sistema, como CPU, memória e disco.

Essas informações representam o mínimo que o requisito técnico deve incluir; sem elas, é impossível mensurar adequadamente a saúde de uma aplicação em qualquer contexto.

O setor de atuação de uma empresa é um atributo contextual significativo que influencia a operação do seu ambiente tecnológico. Isso pode ocorrer tanto pelas informações específicas do setor e suas prioridades operacionais quanto pela regulamentação de órgãos governamentais. Empresas pertencentes a determinados setores podem exigir um nível de detalhamento em telemetria mais elevado do que outras, o que, por sua vez, afeta a formulação de requisitos. A seguir, apresentam-se alguns exemplos:

Operação de trens – O monitoramento da operação de linhas de trens possui alguns elementos interessantes para observar e aprimorar, com o objetivo de oferecer uma experiência de uso aos passageiros livre de falhas e eficiente em custos operacionais. A seguir, alguns indicadores desse exemplo:

- ✓ Fluxo das vias.
- ✓ Falhas em trens.
- ✓ Alertas para funcionários.
- ✓ Alertas para passageiros.
- ✓ Condições de uso determinadas por volume.
- ✓ Eficiência dos trens e da via (velocidade e consumo).
- ✓ Fatores externos (ex.: clima).
- ✓ Velocidade média.
- ✓ Velocidade ideal por faixa de horário.
- ✓ Tempo médio em uma plataforma.
- ✓ Entre outros.

O desempenho operacional integra indicadores técnicos com indicadores de negócios. Por isso, o mapeamento tanto de requisitos funcionais quanto não funcionais deve ser realizado de maneira colaborativa. Sem essa abordagem integrada, a empresa não alcançará uma operação com observabilidade eficiente, visto que um indicador pode depender ou influenciar outro diretamente. Considere, por exemplo, a velocidade média de um trem sem falhas em dias ensolarados durante o horário de pico, comparada à mesma velocidade em dias chuvosos nos finais de semana. As velocidades diferirão e influenciarão o tempo de permanência do trem na plataforma, de maneira que os alertas relacionados a atrasos precisam considerar valores distintos para fornecer informações objetivas aos passageiros.

O comércio é um setor que experimentou uma profunda transformação, migrando do ambiente físico para o digital por meio da internet. Essa transição resultou na multiplicação de canais de relacionamento com o cliente, incluindo lojas físicas, shoppings, sites, aplicativos móveis, aplicativos de mensagens, *marketplaces* e redes sociais. Além da diversidade de canais de distribuição, as empresas que se destacam neste setor são aquelas com processos logísticos otimizados, que minimizam os custos de estoque e se diferenciam por oferecer entregas rápidas aos consumidores. O monitoramento eficaz dos canais de distribuição e do processo logístico requer o uso de uma gama de sensores observáveis para otimizar as operações em um ambiente de alta competitividade. Dentre as métricas importantes no comércio eletrônico, destacam-se:

- ✓ Taxa de conversão (número de visitantes/número de compradores).
- ✓ CAC – Custo de aquisição de cliente.
- ✓ LTV – *Life Time Value*.
- ✓ Carrinho abandonado.
- ✓ *Churn* (quantidade de clientes perdidos/total de clientes novos).
- ✓ *Page* Views.
- ✓ Perfil de cliente.
- ✓ Número de vendas.
- ✓ Tempo médio de estoque.
- ✓ Tempo médio de entrega.

A experiência de compra vai além do produto em si. Os consumidores são conquistados por experiências com baixa fricção, preços competitivos, processos de compra simplificados que exijam poucos cliques, dados mínimos a preencher e entrega rápida dos produtos. Para gerenciar e aprimorar a experiência do cliente no momento da compra, é essencial detalhar cada etapa do processo, identificando rapidamente quaisquer falhas por meio de *logs* de navegação para então retomar experiências interrompidas. Um dos principais fatores que aumentam o *churn* é o atrito no relacionamento. Assim, para realmente entender o cliente, precisamos monitorar toda a experiência e agir prontamente ao detectar qualquer eventual problema.

O setor financeiro no Brasil experimentou uma profunda transformação acelerada nos últimos anos. Vejamos:

- ✓ **1908:** o sistema financeiro nacional foi estabelecido neste ano, quando o Brasil ainda era um reinado. Isso marcou o início do modelo tradicional de agências bancárias e distribuição de crédito.
- ✓ **1983:** levou quase 80 anos para que o caixa eletrônico fosse introduzido.

- ✓ **1990:** a década de 90 foi um período de transformação significativa para o setor, impulsionado pela abertura de mercado, globalização, sofisticação dos produtos bancários e maior regulação por parte dos agentes públicos. Esse período também foi marcado pelo início das grandes fusões e aquisições, tornando o cenário extremamente complexo.
- ✓ **1995:** o *internet banking* surge como uma nova forma de acessar serviços financeiros.
- ✓ **1999:** início do *mobile banking*, ainda de forma rudimentar, utilizando a tecnologia WAP.
- ✓ **2010:** a evolução do *mobile banking* acelerou com a popularização de *smartphones*, que possuem sistemas operacionais mais avançados. Vale lembrar que o iPhone foi lançado em 2007 e o Android em 2008.
- ✓ **2013:** este ano marcou o surgimento dos primeiros bancos nativamente digitais, operando inicialmente como meios de pagamento.
- ✓ **2016-2022:** o período viu o surgimento de mais de quinhentas *fintechs*, diversificando ainda mais o mercado financeiro.
- ✓ **2020:** foi lançado o PIX, sistema instantâneo de pagamentos.

Nas últimas duas décadas, o setor experimentou uma transformação exponencial e acelerada, superando as mudanças ocorridas ao longo dos cem anos anteriores. Evoluímos do modelo tradicional do século passado, com agências bancárias, para uma era de autoatendimento, caixas eletrônicos, centrais de atendimento telefônico, *internet banking*, *mobile banking* e *Banking as a Service*. Essa evolução permitiu que o modelo de distribuição de serviços financeiros operasse em diversas plataformas, onde sistemas legados coexistem com microsserviços em nuvem.

O governo e o setor público também desempenharam um papel fundamental nessa evolução, tornando o sistema financeiro nacional um dos mais seguros, regulados, organizados e modernos do mundo. Nosso sistema serve como referência e modelo de negócios para outros países.

Esses avanços tecnológicos, juntamente com a inclusão digital e financeira, remodelaram o comportamento do consumidor, aumentaram a bancarização, fomentaram a comparação e a competição e elevaram o padrão de qualidade das empresas atuantes no setor. A qualidade tornou-se inegociável, levando as empresas a priorizar e aprimorar constantemente as experiências oferecidas em seus produtos e serviços. Afinal, o cliente que no passado considerava aceitável esperar mais de cinco minutos em uma fila para ser atendido, hoje, no mundo digital, espera menos de cinco segundos a cada clique.

Dado o contexto da evolução sem precedentes no setor financeiro, a observabilidade eficaz deve considerar diversos aspectos críticos, incluindo:

- ✓ **Disponibilidade dos serviços financeiros por nível de criticidade:** priorização baseada na importância dos serviços, assegurando alta disponibilidade para operações críticas.
- ✓ **Tempo de resposta para serviços essenciais:** em consultas de saldo ou transferências bancárias, por exemplo, a expectativa é de execução quase instantânea. É necessário encontrar um ponto de equilíbrio, pois se o volume de serviços a ser monitorado for muito grande, o risco operacional de deixar passar um alerta aumenta. Uma boa prática é fazer uma pesquisa de campo com os clientes para identificar quais serviços são considerados os mais importantes. Com esse conjunto menor definido, aprimorar o monitoramento e o nível de qualidade exigido para essa seleta lista.
- ✓ **Volume de erros**, separados por:
  - **Falhas na aplicação:** erros encontrados em sites ou aplicativos móveis.
  - **Falhas nos serviços:** problemas em APIs que afetam a funcionalidade.
  - **Falhas no ambiente:** questões em *data centers* e provedores de *cloud*.
  - **Falhas de comunicação:** interrupções ou ineficiências na troca de informações.
- ✓ **Dados sensíveis dos clientes:** garantia de que informações confidenciais não sejam expostas durante o monitoramento, mantendo a privacidade e segurança.
- ✓ **Controle de acesso rigoroso:** implementação de políticas de segurança para assegurar que somente usuários autorizados tenham acesso a dados e sistemas sensíveis.
- ✓ **Volumes financeiros transacionados e riscos operacionais:** monitoramento de transações para detectar anomalias, prevenir fraudes e gerenciar riscos.
- ✓ **Contratação e cancelamento de produtos e serviços:** observação dos padrões de comportamento do cliente para aprimoramento dos serviços oferecidos.
- ✓ **Fatores externos:** manifestações em redes sociais ou avaliações em lojas de aplicativos que podem impactar a percepção e a reputação da marca.

Nessas últimas décadas foram observados muitos cenários de posicionamento da tecnologia no setor financeiro. Em alguns momentos, a tecnologia esteve à frente e foi uma força que ajudou a promover transformações; em outros, a tecnologia teve que se adaptar rapidamente para acompanhar os movimentos. As primeiras soluções de *internet banking* não possuíam 10% do volume de ferramentas de monitoramento que hoje temos à disposição nos canais digitais. As falhas levavam muito mais tempo para serem detectadas e os processos ainda estavam apoiados em estruturas funcionais – basta pensar que *chats* de atendimento não eram populares ou nem mesmo existiam.

Um bom exemplo era que, como os bancos nasceram de uma estrutura de agência física, com horário de atendimento entre 10h00 e 16h00, qualquer sistema que fosse importante para o atendimento ao cliente não demandava um monitoramento e atuação 24x7, pois os requisitos estavam apoiados em um horário de funcionamento limitado. Em alguns casos, o atendimento ao cliente poderia até ser contornado com um processo manual para posterior processamento eletrônico (observe: eletrônico e não digital).

Possuir um sistema sem uma ferramenta de monitoramento ou com um *log* mínimo era suficiente para a expectativa do modelo operacional.

Prática da escrita compartilhada

Na maioria das empresas, a tarefa de documentar requisitos técnicos é frequentemente liderada por equipes de tecnologia, com participação limitada de outras áreas da empresa, como negócios, finanças e comercial. Esse cenário ocorre porque os benefícios de tais entregas são mais facilmente compreendidos por equipes técnicas de TI e, muitas vezes, precisam ser correlacionados com objetivos de negócios – como faturamento, lucro e fidelização de clientes – para engajar e obter a participação de outras especialidades que podem ter objetivos distintos.

Em empresas digitais, *startups* e companhias que adotam uma mentalidade ágil mais madura, esse cenário pode ser substancialmente diferente. A cultura organizacional e a valorização da ciência de dados, aliadas à proximidade entre equipes menores organizadas em *squads*, favorecem essa interação interdisciplinar.

Quando se trata da redação de um requisito técnico relacionado à observabilidade, é crucial que representantes de diversas especialidades estejam envolvidos. Isso garante a consideração de aspectos fundamentais, como métodos de coleta de dados, velocidade de processamento, elementos observáveis e não observáveis, tempo de retenção de dados, custos associados, escolha de ferramentas e parceiros, licenciamento de software, além dos modelos de arquitetura atual (*AS IS*) e futuro (*TO BE*). É igualmente importante considerar o nível de investimento em tempo das equipes de engenharia para desenvolver e operar o sistema proposto.

Logs – um universo de requisitos técnicos

Chamados de *logs*, os registros de eventos em um sistema possuem informações sobre execução, desempenho, falhas, atividades do usuário interagindo com o sistema, atividades dos sistemas interagindo com outros sistemas, tráfego de informações de redes, registros de acessos e interfaces de segurança. Essas informações são fundamentais para a observabilidade, para monitorar, analisar e solucionar problemas, apurar a qualidade, identificar falhas e ameaças de segurança e gerenciar a confiabilidade de uma plataforma.

Os níveis de detalhes para os tipos de eventos citados podem variar de um ambiente para outro. É comum que em um ambiente de desenvolvimento, onde o software está em construção/reparo, o nível de informações seja extremamente detalhado. Em alguns casos, esse nível de detalhe até compromete o desempenho de forma consciente, pois a prioridade nesse momento é fazer as coisas funcionarem, mesmo que o tempo de resposta da aplicação seja alto. Para *logs* que são escritos pelo servidor de aplicação, existe uma configuração que estabelece o nível de informação a ser produzida. Quando essa configuração é ajustada de *RELEASE* para *DEBUG*, produz detalhes importantes para os desenvolvedores de software. Esse tipo de configuração nunca deve estar habilitado em produção, seja porque compromete o desempenho ou porque pode ferir regras de privacidade de dados.

Boas referências para consultar ao especificar um requisito relacionado ao *log* são os princípios dos 12 fatores[2] e o OpenTelemetry.[3] Existem boas sugestões para entender os protocolos, evitar afinidades técnicas que impedem crescimento elástico e métodos para garantir portabilidade entre ferramentas indexadoras de *log* através de convenções que podem ser adotadas.

Quando estamos analisando um problema ou um desvio de função em um sistema, é desejável que a estrutura possua um padrão comum, para assim reduzir a curva de aprendizado, facilitar o entendimento para novos profissionais e permitir boas práticas de gerenciamento de dados. A seguir, alguns pontos importantes são observados:

---

2 <https://12factor.net/>.
3 <https://opentelemetry.io/>.

Nível de detalhe dos *logs*

Um *log* pode ter informações básicas sobre o resultado de uma requisição ao sistema e também um nível de detalhe que permita uma interpretação do processamento etapa a etapa. A estrutura, os dados, o formato e o nível de detalhe devem ser pensados para atender às necessidades operacionais do sistema e otimizar o processo de descoberta de erros e até mesmo aprimoramento de performance.

Requisitos a serem avaliados para o detalhamento de um *log*

Informações gerais

- ✓ Estrutura padrão de campos – Exemplos: identificação do cliente, identificação da aplicação, identificação da interação na aplicação como uma tela, identificação de classe, método, API, entre outras informações.
- ✓ Categorização – Uso de tipos de mensagens de erro.
- ✓ Cabeçalhos padronizados para permitir sumarização.
- ✓ Dados relacionados à interação do cliente.
- ✓ Ocultação de dados sensíveis.
- ✓ Informações do ambiente e do meio físico (aparelho do cliente, operadora, infraestrutura utilizada).
- ✓ Capacidade de aumentar ou reduzir o volume de detalhes do *log* sem a necessidade de uma grande alteração sistêmica.

Formato de escrita

A forma de escrever (registrar) é um requisito técnico estratégico e deve considerar pontos únicos de falha, *logs* distribuídos e custos computacionais (especialmente em *cloud*) relacionados a processamento e tráfego de dados. Sua decisão deve levar em consideração os seguintes aspectos:

- ✓ Onde escrever (repositório local ou remoto).
- ✓ Tipo de arquivo – Normalmente são textos puros, porém podem existir casos de *logs* em tabelas em banco de dados (evitar).
- ✓ Como escrever o *log* – O consumo computacional para a escrita do *log* não deveria interferir na experiência de uso de uma aplicação por parte de um cliente.
- ✓ Arquitetura de transmissão síncrona ou assíncrona, uso de serviços gerenciados de filas e eventos.
- ✓ O formato posicional ou estruturado em padrões como JSON e XML.

Formato JSON

```
{
  "exception": {
  "time": "2024-02-13 18:20:30",
  "description": "Exception of type System.web.httpunhandledexception was
throw",
  "method": "Boolean HandledError(System.Exception)"
  "trace": {
    "at System.Web.UI.Page.HandleError (exception e)
    at System.Web.UI.Page.ProcessRequestMain()
    ..." }
  }
}
```

Formato XML

```
<errorlog>
  <exception>
   <time>2024-02-13 18:20:30</time>
   <description> Exception of type System.web.httpunhandledexception
          was throw
   </description>
   <method>Boolean HandledError(System.Exception)</method>
   <trace>
    at System.Web.UI.Page.HandleError (exception e)
    at System.Web.UI.Page.ProcessRequestMain()
    ...
    </trace>
  </exception>
</errorlog>
```

Coleta, ingestão, retenção, eliminação

Assim como qualquer dado, os *logs* precisam ter seu ciclo de vida planejado para gerar valor a quem irá consumir os dados, fornecendo informações importantes durante o tempo em que essa informação for válida e também eliminando os dados quando eles não forem mais úteis, promovendo assim uma eficiência computacional e financeira.

Essa organização é vital e deve ser decidida como um requisito técnico estratégico, envolvendo todas as áreas participantes no processo, desde desenvolvedores, equipes infra, negócios e segurança até UX e marketing. A seguir, alguns critérios a serem avaliados:

- ✓ Formas de coleta padronizadas para monitorar o próprio processo, afinal até mesmo a coleta de *logs* pode falhar.
- ✓ A ingestão com uso de agentes comuns e formato de coleta (puxar, empurrar) também facilita a operação do serviço de coleta do *log*.
- ✓ Depois do dado coletado, ocorre o momento de estruturar as informações que serão pesquisadas posteriormente. Identificar similaridade de fontes diferentes onde os sistemas são distribuídos e organizar as relações entre esses dados com práticas de uso de atributos como *correlation IDs*.
- ✓ Garantir a ordenação dos *logs* é um requisito importante para organizar os eventos. É muito comum que um *log* seja um arquivo texto em um servidor de aplicação, e uma aplicação pode estar distribuída em diversos servidores/contêineres. Em alguns casos, adicionar um campo "tempo" pode ajudar.
- ✓ Os *logs* podem atingir um volume enorme de tráfego, e isso gera custo operacional, especialmente em sistemas baseados em nuvem. Por isso, a racionalização dos dados deve ser considerada e discutida amplamente, considerando fatores como:
  - **Rotação** – Escrito local do arquivo texto que é aguardado para ser capturado por um agente.
  - **Expurgo** – Processo de remover arquivos que já foram capturados para dispensar dados.
  - Formato e tamanho do *log*.
  - Indexação do *log*.
  - Pesquisa do *log*.

Pesquisar, alertar e monitorar – Ferramentas para leitura de *log*

Procurar uma informação em um arquivo texto de *gigabytes* é uma prática de décadas atrás, quando a análise de requisitos técnicos para *logs* e sistemas não possuía o mesmo nível de valor observado nos dias atuais. Os dados, para serem valiosos, precisam se tornar informações. O mecanismo de compreensão vem sendo facilitado com ferramentas modernas.

Considerando que os requisitos foram desenvolvidos, a etapa de pesquisa é o produto final. Os *logs* foram coletados das fontes observáveis, foram ingeridos em local centralizado e indexados para consulta de forma ágil e gerenciada.

As interfaces de pesquisa em *log* costumam ser sites *web* acessíveis pela maioria do *browsers* e que se integram com sistemas de identidades da empresa para garantir acesso e confiabilidade. Esses sites oferecem formas de consultas por meio de linguagens e também *dashboards*, que podem ser construídos para abstrair a linguagem de consulta, democratizar o acesso e melhorar a compreensão das informações.

A seguir, alguns exemplos de linguagens populares utilizadas pelas ferramentas indexadoras de *log*:

✓ Splunk – *Search Processing Language*
✓ Kibana – *Kibana Query Language*. Ferramenta visualizadora de *dashboards*.
✓ EQL – *Elastic Query Language* – Linguagem de consulta do Elastic.
✓ PomQL – *Prometheus Query Language*.
✓ SQL – *Search Query Language – Google Big Query*.
✓ Expressões regulares.

Como vimos até aqui, os *logs* evoluíram, são acessíveis, compreensíveis e adicionam muita agilidade na operação de TI das empresas. O próximo passo, depois de ter os dados compreensíveis, é analisar problemas e monitorar eventos de aumento de volume de erros ou desvios de SLO (*Service Level Objective*) previamente conhecidos.

Tão importante quanto resolver é detectar; por isso, em alguns casos, o *log* pode apoiar ferramentas de monitoramento nessa atividade. Existem inúmeras formas de elaborar *dashboards* com dados sumarizados. Produtos como Splunk, Kibana, Elastic, Grafana, Jaeger e Prometheus são conhecidos em operações de TI por oferecer uma vasta forma de demonstrar a saúde de um sistema.

Particularmente, vivenciei situações em que o ciclo de vida de um *log* de uma aplicação não foi planejado, e o uso se tornou massivo. Com isso, a negociação para expurgo de dados ou repouso em alguma fonte que não permitisse o acesso rápido se tornou uma dificuldade grande. As áreas de negócio e os times de interação com clientes não queriam abrir mão da agilidade para acessar dados de navegação e comportamento do cliente. Até mesmo times de engenharia se acostumaram a ter os dados sempre disponíveis. Aumentar a retenção foi uma solução que atendeu a todos, porém gerou um alto custo financeiro para a empresa. Em tempos de *cloud*, não se pode deixar de combinar essas coisas.

Outro exemplo de situação que devemos evitar, mas que infelizmente existe em diversas empresas, seja por falta de evolução de legados, alinhamentos de arquitetura ou escrita de requisitos não funcionais, é a falta de padrão de classificação de *logs*. Quando a escrita de *log* não segue um padrão, a visualização se torna um desafio operacional, pois ela vai depender de interpretação e inteligência na hora de consultar/exibir os dados, o que torna a atividade mais complexa e suscetível a falhas.

Em uma das empresas em que atuei, pude ver na prática o benefício de uma aplicação com um *log* estruturado e uma ferramenta de APM (*Application Performance Monitoring*) bem calibrada. Ela identificava gargalos, desempenho degradado e falhas recorrentes, e o processo de evoluir era acelerado – rapidamente um problema era direcionado para o time responsável, em muitos casos, já com a proposta de solução alinhada. A famosa frase "não sabemos o que queremos até termos" se aplicava bem. Depois que trabalhei com essas ferramentas habilitando a velocidade de análise, não quis mais pensar em um cenário em que isso não pudesse ser viabilizado.

Tendências de mercado

Existem casos em que esperamos conhecer o comportamento do cliente com um nível de detalhe orientado ao comportamento de uso para definição de experiência. Uma boa prática é gerar *logs* e ter dados compreensíveis que serão utilizados pelas equipes de tecnologia e por outras áreas, como comercial, vendas, dados, marketing etc.

Outra possibilidade de uso é o enriquecimento de *logs* de ferramentas como *gateways* de aplicação e ferramentas de APM, buscando gerar correlação entre plataformas e um monitoramento *end-to-end.*

Tagueamento

Se excluirmos as pesquisas de intenção, o tagueamento é hoje uma das práticas mais eficientes para conhecer o comportamento das pessoas ao utilizar um site ou aplicativo. Se quisermos saber a intenção de uma pessoa podemos perguntar para ela, mas se o volume de usuários for grande, precisamos conhecer de outra forma o comportamento do cliente, as dificuldades etc.

O tagueamento se propõe a identificar componentes (telas, botões, imagens etc.) e espalhar sensores em diversos pontos durante a experiência do cliente, permitindo ao sistema gerar dados que ajudem a compreender a forma de uso.

A gestão da experiência do cliente no uso de sites e aplicativos utiliza fatores importantes para definir jornadas:

- ✓ Fluxo de navegação.
- ✓ Tempo que uma pessoa observa uma página, tela, imagem.
- ✓ Formatos de uso de telas complexas com simulações.
- ✓ Taxa de conversão de navegação em compra de produtos e serviços.
- ✓ Taxa de abandono de navegação:
  - Por dificuldade de operação.
  - Por baixo engajamento.
  - Por falta de atributos e características que levariam a pessoa até o final do fluxo.
- ✓ Forma como o cliente usa o sistema:
  - Tipos de *smartphones*.
  - Tipos de computadores.
  - Tipos de equipamentos.
- ✓ Geolocalização.
- ✓ Mudanças de comportamento por fatores externos como sazonalidade.
- ✓ Enriquecimento de monitoramento de comportamento com uso de atributos qualitativos de identificação do cliente.

Com as informações do tagueamento coletadas, podemos fazer uso delas através de análises que identificam comportamento de uso. Para gerenciar a experiência digital das pessoas, utilizamos ferramentas que recebem os dados dos sensores, os consolidam e geram as visões do rastreamento proveniente do tagueamento. O *Google Tag Manager* é uma das ferramentas mais populares, mas existem outras que podem se integrar com outros sistemas e gerar visões analíticas.

Este capítulo não aborda técnicas de escolha de ferramentas, porém vale ressaltar que essa escolha determina um desenho de arquitetura, uma vez que podemos ter soluções SaaS, PaaS e IaaS para *analytics*, o que vai determinar se queremos operar os dados de forma isolada, sem depender da infraestrutura do sistema, ou seja, o sensor coleta o dado e o envia diretamente para um site externo.

Seleção de público

Existem casos em que uma empresa pode oferecer experiências diferentes para pessoas diferentes no uso dos seus sistemas, seja por perfil, seja por lançamento faseado de produtos, seja para teste de engajamento de um novo produto, sem expô-lo a todo o público.

A seleção de público é uma tendência de mercado que ajuda especialmente em marketing direcionado e otimiza os investimentos.

A forma como queremos selecionar/segregar o público é um requisito técnico estratégico. Podemos considerar desde casos simples de separação, como % de clientes utilizam uma função na versão 2 e outra % na versão 1, como também podemos selecionar por geografia, perfil de uso e consumo, dispositivos utilizados, idade, preferências, idioma etc.

A decisão leva em consideração o investimento necessário e a velocidade para segregar e selecionar de forma dinâmica, sem a necessidade de publicar uma nova versão do software. As áreas devem ter autonomia para comandar essas definições do sistema, sem depender de uma mudança de TI.

20. Observabilidade no desenvolvimento ágil: *feature* ou critério de aceite?

Felipe Chicralla

Sobre o desenvolvimento de ágil – Manifesto Ágil

O conceito de agilidade no desenvolvimento de software surgiu em 2001, com a publicação do Manifesto Ágil. Esse documento foi assinado por 17 profissionais da área de desenvolvimento de software e, desde então, foi aceito por milhares de outros profissionais da área.

O Manifesto Ágil consiste em quatro valores:

- ✓ Indivíduos e interações mais que processos e ferramentas.
- ✓ Software em funcionamento mais que documentação abrangente.
- ✓ Colaboração com o cliente mais que negociação de contratos.
- ✓ Responder a mudanças mais que seguir um plano.

Esses valores vão contra o processo tradicional de desenvolvimento de software, justamente por considerar que o nosso mundo muda com grande velocidade. Dessa forma, é comum a percepção de que aquilo que faz sentido hoje talvez não faça mais sentido amanhã.

O Manifesto Ágil publicou um total de 12 princípios. A seguir, alguns com especial relevância para a observabilidade.

- ✓ **Nossa maior prioridade é satisfazer o cliente através da entrega contínua e adiantada de software com valor agregado.** Quando se fala de agilidade, tem-se a impressão de algo rápido. Muito da velocidade consiste em entregar software com frequência, e o conceito de CI/CD do *DevOps* auxilia nisso. Por menor que seja, uma nova funcionalidade de software pode ser entregue em produção de forma acelerada e, com isso, dar a sensação de evolução ao cliente.

Ele sente mais o progresso quando experimenta o sistema, em vez de receber um relatório indicando o percentual de avanço de uma entrega.

✓ **Mudanças nos requisitos são bem-vindas, mesmo tardiamente no desenvolvimento.** A maior vantagem da agilidade está em se adaptar de forma mais rápida às necessidades do negócio. Não importa se é uma ideia nova ou um requisito que surgiu depois de uma primeira entrega: se acresenta valor ao negócio, será priorizado adequadamente e será desenvolvido antes para atingir o objetivo do negócio.

✓ **Pessoas de negócio e desenvolvedores devem trabalhar diariamente em conjunto por todo o projeto.** A integração entre o negócio e a equipe de desenvolvimento também é muito relevante. Trabalhar durante meses em um documento de requisitos que será entregue ao desenvolvedor, que, por sua vez, terá mais alguns meses para converter em código, não atende mais à necessidade do negócio. O mundo muda rápido e, portanto, todos precisam estar em contato diariamente para entender como podem manter sintonia sobre o mesmo objetivo: o sucesso do negócio.

✓ **Simplicidade – a arte de maximizar a quantidade de trabalho não realizado – é essencial.** Quando só se tem uma oportunidade de solicitar funcionalidades para evolução de um software, pede-se o necessário e o que se imagina ser tendência no futuro. Porém, com o cenário mudando, é importante perceber quando há itens especificados que não precisam mais ser desenvolvidos. Ater-se a um cronograma específico faz com que sejam desenvolvidas funcionalidades que muitas vezes não são mais tão necessárias. Todo trabalho evitado é convertido em tempo ganho para investir em uma atividade de valor agregado ao negócio.

Há diversas formas de implementar a agilidade nas empresas e no fluxo de trabalho do dia a dia. Entre os *frameworks* e metodologias mais comuns, temos o *Scrum* e o *Kanban*.

Metodologias de implementação da agilidade no desenvolvimento de software

A digital.ai publica regularmente um relatório sobre a adoção das metodologias ágeis. Em seu 16º relatório encontramos uma pesquisa sobre quais metodologias são utilizadas, e o *Scrum* ocupa o primeiro lugar com 87% dos respondentes informando que aproveitam algo da metodologia no seu dia a dia de trabalho (STATE OF AGILE, 2022).

O *Scrum* é um *framework* baseado em três pilares: **transparência, inspeção e adaptação**. Por ser um *framework*, ele possui papéis definidos, assim como artefatos e cerimônias que devem ser seguidas.

De uma forma geral, o *Scrum* subdivide a entrega de softwares em períodos fixos de tempo, chamados de *Sprints*. Cada iteração de uma *Sprint* é análoga ao modelo tradicional de desenvolvimento de software, tendo cerimônias para planejar, acompanhar e entregar o trabalho feito. Qualquer novo requisito ou nova demanda só poderá entrar no ciclo de desenvolvimento da próxima *Sprint*. Dessa forma, os ciclos são mais curtos (normalmente variando de duas a quatro semanas) e se permite maior adaptabilidade para atender ao negócio.

A segunda metodologia mais citada na pesquisa da digital.ai, com a preferência de 56% dos respondentes, é o *Kanban*. Desenvolvido inicialmente para o acompanhamento do sistema de produção em fábricas, o *Kanban* não é considerado como um *framework*, por não ter papéis e responsabilidades definidos. Ele é uma metodologia que permite acompanhar o desenvolvimento de software e sua evolução por meio de suas diversas etapas até sua conclusão. Diferentemente do *Scrum*, que possui um período de tempo definido, as atividades do *Kanban* são incluídas a todo momento e evoluem nos quadros de acompanhamento em velocidades diferentes de acordo com a necessidade do negócio.

É comum comparar as duas metodologias, conforme a tabela a seguir.

Tabela 20.1.
***Scrum* x *Kanban*. Fonte: o autor.**

	Scrum	*Kanban*
Origem	Desenvolvimento de software	Fabricação *Lean*
Ritmo	*Sprints* regulares de duração fixa	Fluxo contínuo
Papéis	*Scrum Master, Product Owner,* Time de Desenvolvimento	Sem papéis predefinidos
Entregas	Ao final da *Sprint*, as entregas devem ser aprovadas ou não	De forma contínua, à medida que forem sendo concluídas
Mudanças	Mudanças devem ser propostas e feitas ao final da *Sprint*	Podem ocorrer a qualquer momento, desde que alinhadas com todos
Cerimônias	Planejamento da *Sprint*, reuniões diárias, Retrospectiva da *Sprint* e Revisão da *Sprint*	Sem cerimônias predefinidas

Independentemente da metodologia adotada, há desafios relacionados ao desenvolvimento de software nos seguintes aspectos:

- ✓ **Priorização:** definir os itens que devem ser desenvolvidos em seguida é sempre um ponto que requer atenção. É comum que o *Product Owner* (PO) atue nessa etapa, informando o que deve ser feito em seguida e alinhando os prazos com os clientes para maximizar a entrega de valor. Além disso, o PO costuma estar mais próximo do cliente e prioriza itens de negócio em vez de acumular débitos técnicos.
- ✓ **Falta de visibilidade do todo:** como as tarefas são priorizadas individualmente, o time de desenvolvimento nem sempre é capaz de ter a visão do produto como um todo, atuando sempre pontualmente no que precisa ser feito.
- ✓ **Estimativas incorretas:** o time tende a especificar o esforço de executar uma tarefa sem pensar nos processos de testes, qualidade e implantação.
- ✓ ***Bugs* e atividades não previstas:** após o planejamento do time, podem aparecer *bugs* críticos ou itens de segurança que precisem de atuação imediata, comprometendo a entrega dos itens já combinados.
- ✓ **Prazos curtos:** por mais ágil que seja o processo, as demandas sempre precisam ser entregues o quanto antes para maximizar o ganho. É comum, em cenários assim, que se acumulem débitos técnicos e atividades de qualidade sejam simplificadas para atender aos prazos acordados. Esses acúmulos podem, eventualmente, se tornar uma bola de neve se não forem priorizados em algum momento.
- ✓ **Times desconectados:** o desenvolvedor acaba muitas vezes só se conectando ao negócio por meio do PO. Com isso, acabam se criando silos que atrapalham a implementação da agilidade como um todo.

E onde entra a observabilidade?

Em meio ao desafio de desenvolver software de forma ágil, incluir observabilidade nesse processo traz o questionamento: qual o valor da observabilidade para o negócio?

Se você chegou aqui, provavelmente acredita que há um grande valor. Entretanto, na hora de priorizar a entrega de uma nova funcionalidade, que pode ter um retorno financeiro *versus* um mecanismo para observabilidade, que permitirá identificar falhas em determinado processo, qual seria sua decisão de priorização?

A falta de observabilidade na visão do desenvolvimento é comumente tratada como um risco declarado que só se torna crítico quando há uma concretização de uma falha. Aí deixamos de ter um risco e passamos a ter um problema concreto.

A ideia de implantar a observabilidade é justamente para ser proativo e tempestivo nas análises. Porém, é um tema complicado de priorizar: o negócio espera que as entregas da TI sejam rápidas e de qualidade. Ao mesmo tempo, os prazos são sempre curtos e a qualidade é inegociável. Para o negócio, muito da observabilidade é desnecessário: não é preciso identificar erros se a aplicação se comportar conforme o esperado. Para que gastar tempo estruturando e processando *logs* para identificar um desvio que nem sequer deveria acontecer? Sob essa perspectiva, a observabilidade não é um requisito funcional de negócio e sim um requisito técnico (não funcional) – e, portanto, não é uma funcionalidade, mas uma capacidade do sistema, análogo à resiliência, à segurança e ao desempenho.

Transferir a responsabilidade de aprovar e priorizar itens técnicos para a área de negócios é o primeiro passo para não se ter observabilidade. A priorização feita pelo PO precisa considerar a visão técnica do produto e não apenas os desejos do negócio. Além disso, se contemplar *logs* e observabilidade faz parte da qualidade da entrega, isso deve estar nos critérios de aceitação da definição de pronto, previamente acordada com a equipe de desenvolvimento.

Infelizmente, equilibrar as entregas estruturantes e novas funcionalidades não é um processo trivial. Muitas vezes, as decisões tomadas acabam gerando um grande *backlog* de débitos técnicos a serem priorizados em futuro incerto.

A intercessão entre o negócio e a infraestrutura

Observabilidade, no SRE, é tratada como um dos pilares da confiabilidade de um sistema. No entanto, comumente associamos esse assunto a ferramentas de monitoramento, que têm o foco em mensurar a disponibilidade de todos os componentes. Há diversas ferramentas que monitoram a infraestrutura de TI e até a saúde da aplicação, com módulos de *Application Performance Monitoring* (APM). Sem dúvida alguma, essas ferramentas são essenciais para a gestão de um ambiente complexo de tecnologia e permitem a detecção e a resolução de problemas técnicos de forma rápida.

Somado a isso, é comum termos a observabilidade sistêmica relacionada ao negócio também. Observar a saúde da aplicação é monitorar como estão os funis de vendas, quantos clientes usam a aplicação ou como está o andamento do processo de negócio que o sistema sustenta. Essas visões são essenciais para que o negócio tenha conhecimento da saúde do ambiente e se as expectativas estão sendo cumpridas, além de permitir *insights* para impulsionar a receita do negócio.

No entanto, há uma intercessão entre esses dois mundos que é responsabilidade do gestor da aplicação.

Como identificar desvios nos processos e no funcionamento da aplicação?

Por exemplo, vamos imaginar um cenário em que o cliente fez uma compra em um site de *e-commerce*. O ambiente está disponível, a compra foi efetuada com sucesso. Tudo parece certo. Porém, ao final do processamento da compra, um código de rastreio da entrega deveria ser gerado, mas isso não ocorreu e o cliente não é capaz de acompanhar a sua entrega. Para o negócio, tudo parece certo, assim como para a infraestrutura. Talvez o cliente nem sequer perceba o problema. Mas como monitorar a falha da funcionalidade na aplicação?

Esse é um exemplo de um cenário de observabilidade que comumente passa despercebido. Não é crítico na jornada principal da aplicação, mas impacta a experiência do cliente final. Todos queremos um cliente satisfeito e, uma vez identificado o erro, o time de tecnologia irá corrigir a aplicação. Mas como identificá-lo sem que o cliente precise reclamar? Ou melhor, como identificar os erros dos quais o cliente não se dá ao trabalho de reclamar?

Não sei você, mas depois de duas compras sem poder rastrear minha entrega, eu daria prioridade para o concorrente. E nem me daria ao trabalho de sinalizar que o código veio em branco.

Diante desse cenário, a pergunta que fica é: o que eu preciso observar na aplicação para ter certeza de que a experiência do usuário está sendo exatamente aquela esperada pelo negócio? Isso muitas vezes requer armazenamento dos *logs* das jornadas dos clientes e processamento das informações coletadas, para saber se tudo ocorreu como deveria. E, caso não tenha ocorrido, que isso seja mapeado o quanto antes para ser corrigido.

Dessa forma, a observabilidade dentro do desenvolvimento de software pode ser considerada aquela *feature* que garante a integridade (e, por consequência, a confiabilidade) da aplicação com base nos requisitos do negócio.

Quem é responsável por especificar e pedir a observabilidade?

Assim como falamos no item anterior, podemos dividir as dimensões da observabilidade. Para os itens relacionados à disponibilidade, normalmente a coleta de métricas e informações faz parte da esteira de implantação. Não é possível subir um novo serviço em produção sem que esteja instalado um agente de monitoramento, sem que haja um *script* que valide o funcionamento do serviço, sem que o monitoramento sintético esteja configurado ou com os retornos HTTP incorretos. Para esses casos, a observabilidade é considerada parte da entrega e da definição de pronto. O software não é considerado entregue se não cumprir os critérios necessários para garantir o monitoramento da disponibilidade.

Para os casos relacionados às necessidades de negócio, normalmente isso é especificado pelo negócio. Há uma história de usuário solicitando a criação da jornada de compra no *e-commerce* e há uma outra história solicitando um painel mostrando quantas vendas foram feitas no dia. O negócio tem necessidade de observar a saúde do ambiente e especifica o que precisa para acompanhar se o seu objetivo está indo bem.

E para os casos em que a observabilidade tem o objetivo de garantir a integridade sistêmica? O negócio não se preocupa inicialmente com isso. Monitorar se a aplicação está aderente ao especificado é de responsabilidade do gestor de tecnologia, que sustenta a aplicação. Esses itens tentam ser priorizados durante as entregas, porém, como não são mandatórios na esteira de desenvolvimento, eles muitas vezes são deixados no *backlog* como uma funcionalidade interna da tecnologia e que, diante da imensa quantidade de itens de negócio, sempre fica para trás.

Lembre-se, um dos valores do Manifesto Ágil é maximizar a quantidade de trabalho não realizado. Esses itens se encaixam perfeitamente aqui, na visão do negócio: itens que não foram pedidos, que não valem o tempo e o esforço despendidos. Ou, pelo menos, até que se tenha um problema confirmado. Aí, nesse caso, não só se torna um item prioritário como também se torna urgente.

Portanto, a observabilidade da integridade das aplicações não pode ser submetida à priorização de negócio, pois sempre será preterida. É necessário que se priorize em paralelo, entendendo que isso é uma responsabilidade de tecnologia, independentemente do que o negócio acredita. Garantir que tudo esteja íntegro faz parte da etapa de qualidade e, portanto, deveria constar da definição de pronto da entrega de software.

Além disso, identificar falhas sistêmicas e corrigir proativamente garante uma experiência do usuário melhor e potencializa os negócios. Dessa forma, o gestor de tecnologia não pode ser refém dos desejos do negócio. Ele precisa entender a sua responsabilidade de garantir a disponibilidade e integridade da aplicação.

Priorização da observabilidade no desenvolvimento

Por que priorizar?

Observar o correto funcionamento de uma aplicação é responsabilidade do seu gestor. Quando a área de negócio investe em um software que vá atender a uma necessidade de negócio, ela espera que a aplicação saia exatamente conforme o seu desejo. O Manifesto Ágil entende que, ainda que as especificações não tenham sido todas feitas no momento inicial do projeto, mudanças nas regras de negócio ou no grau de detalhamento são respeitadas e priorizadas em conjunto para a adequada evolução sistêmica. O cliente normalmente entende parte da complexidade técnica associada às entregas e confia nos prazos dados, porém, uma vez que a funcionalidade está entregue em produção, é esperado que funcione adequadamente.

Monitorar o funcionamento da aplicação é o primeiro passo para saber se tudo está ocorrendo dentro do esperado. Ter clareza nos fluxos e jornadas da aplicação e onde eles se integram é mandatório. Criar painéis que monitorem essa saúde é de responsabilidade da tecnologia. Isso não só faz com que se tenha mais controle de como o usuário está utilizando o sistema, como permite observar erros antes que sejam escalados. É assim que se pode trazer confiabilidade ao negócio.

Dificuldades na priorização

O que fazer quando é necessário incluir uma estrutura de *logs*, que deverá ser integrada a uma ferramenta de observabilidade, mas isso irá incrementar o prazo em algumas semanas, e o negócio precisa de uma funcionalidade urgente para amanhã? Na correria de atender às necessidades do negócio (que, normalmente, são uma mistura de mudança de cenário com falta de planejamento), a funcionalidade é entregue correndo, sendo feitos testes básicos. A estruturação dos *logs* e a observabilidade ficam para a próxima *Sprint*. Ou para quando diminuir a demanda. Ou para quando o time estiver mais maduro e entregar com mais velocidade. Já sabe para quando isso ficará agendado, não é?

Se já sabemos que a confiabilidade do sistema é tão importante, por que ainda assim muitas vezes a observabilidade é deixada de lado? Há diversos motivos para que isso aconteça na prática e entendê-los é importante para que não se caiam nas armadilhas.

- ✓ **Riscos mal mapeados.** É uma funcionalidade simples e que não tem o que dar errado. Para que gastar tempo montando um monitoramento de algo que não tem como falhar? Essa visão é mais comum do que parece, e muitas vezes deixamos de acompanhar coisas por estas serem "infalíveis". Mas o que é infalível hoje pode ser que amanhã se conecte com uma peça que pode apresentar falhas. Ou pode ser que esteja integrado a um outro sistema que pode mudar a forma da integração e começar a falhar. Nada é tão pequeno que possa ser desconsiderado.
- ✓ **TI não conversa com o PO.** Muitas vezes, o PO é uma pessoa que está mais perto do negócio do que da área de tecnologia, o que inclusive é previsto no *framework Scrum*. No entanto, PO deve gerenciar o *backlog* do produto e não o *backlog* do negócio. Em outras palavras, débitos técnicos (como obsolescência, vulnerabilidades, *bugs* e monitoramentos) devem estar no controle do PO junto com as novas necessidades do produto. É comum o time de tecnologia tentar resolver esses débitos técnicos sem declarar ao PO, concorrendo recursos e atrasando entregas ao negócio. Afinal, se já entregamos a funcionalidade na semana passada, como justificar que ainda estamos ajustando os *logs* do sistema para criar um *dashboard* interno? A tecnologia entende o débito técnico como sendo um problema só dela, gerando um descasamento de prioridade entre os dois lados.
- ✓ **TI conversa com o PO, mas o PO não apoia.** Há o cenário em que o PO até está ciente dos itens levantados pela tecnologia e está com eles no radar. Porém, a qualquer sinal de prazo apertado, o próprio PO compromete o item de observabilidade (e o coloca no *backlog* com a prioridade mais baixa possível). Os itens estão no *backlog*, porém, por falta do senso de importância, acabam ficando esquecidos e despriorizados.
- ✓ **Avalanche de débitos técnicos.** Após uma série de entregas para o negócio que atenderam à expectativa, foi combinado que o próximo mês seria para tratar os débitos técnicos da aplicação. Que ótimo. Por onde começar? Há vulnerabilidades com prazo para serem resolvidas. Há obsolescências que possuem data limite para serem migradas, devido ao fornecedor. Isso sem falar dos *bugs* que vão surgindo ao longo do caminho, devido à utilização da ferramenta. E a observabilidade? Bem, não há prazos rígidos, riscos de segurança nem impacto direto ao cliente, então ela acaba sendo deixada para a próxima janela acordada com o negócio.

Seja qual for o motivo pelo qual a observabilidade não é priorizada, é importante que se seja capaz de, dentro do possível, começar a quebrar esse ciclo.

Como lidar com a dificuldade de priorização

Tendo em vista as dificuldades que listamos no item anterior, há algumas estratégias que podem ser úteis para contornar a falta de priorização.

- ✓ **Não seja radical.** Independentemente da abordagem que for seguir, não adianta ser radical e extremista. Em vez de falar que todas as novas observabilidades serão entregues junto com a funcionalidade em produção, que tal começar com as mais críticas? Antes de querer medir todos os detalhes de todas as funcionalidades, por que não começar pelas integrações com outros sistemas? Posicionamentos radicais tendem a ser mal recebidos por todos, e, se não atingirem o resultado esperado no futuro, essas mudanças são desfeitas de forma tão radical como foram criadas. Busque mudar o cenário um pouco a cada *Sprint*. Faça pequenas mudanças, de forma controlada e alinhada. Ainda que haja problemas, eles serão encarados como parte da transição e não como um impeditivo para o novo modelo de trabalho.
- ✓ **Venda a observabilidade ao negócio.** Falamos que garantir a integridade do sistema é uma responsabilidade da tecnologia, porém não precisa ser feita de forma solitária. Sinalize ao PO e ao negócio o que vocês monitoram e o que gostariam de monitorar. Mostre que isso pode não ser um requisito único de negócio, mas que ajudará a entender falhas da aplicação. Se possível, encontre casos reais em que a observabilidade existente ajudou ou cuja falta de observabilidade acabou gerando impacto ao cliente ou negócio. Todos estão trabalhando em prol do resultado de negócio, e o investimento de tempo de desenvolvimento deveria ser algo acordado e não unilateral.
- ✓ **Use o processo a seu favor.** Por onde começar a corrigir a falta de observabilidade do sistema? Pelos itens que já existem ou pelos que vão começar? Se formos mapear todas as pendências e começar a priorizar, qual será o esforço? Muitas vezes, todos desanimam só de pensar em refatorar a aplicação inteira. Comece pelo processo de desenvolvimento de software e aos poucos tudo será resolvido. Informe que todos os serviços que forem para a produção precisam estar na estrutura nova acordada. Aos poucos, quando houver alguma demanda, eles serão refatorados e incorporados à nova estrutura. Isso não só não desmotiva o time de desenvolvimento, como também é mais bem aceito pelo negócio. Depois de alguns meses, aquele serviço que não foi alterado ainda

pode ser porque está tão bom que não deu nenhum erro, ou porque não tem ninguém usando e pode ser aposentado.

✓ **Detalhe a observabilidade junto com a *feature* (ainda que vá desenvolver depois).** Será criada uma nova integração sistêmica que tem urgência para subir em produção. Ainda que seja acordado que o débito técnico da observabilidade só será feito depois, deixe tudo detalhado e especificado. É mais fácil priorizar um item que já se sabe o que deve fazer do que um item que ainda precisa ser pensado em como será feito. Dessa forma, caso sobre tempo em alguma *Sprint*, o próprio time de desenvolvimento terá autonomia para resolver essa pendência, sem depender do PO ou do arquiteto para evoluir.

✓ **Dê visibilidade dos débitos técnicos ao negócio.** Conforme falamos no item anterior, caso o negócio não entenda os débitos técnicos, é necessário que isso seja mensurado e declarado. A priorização precisa levar em consideração tudo do produto e não apenas os desejos do negócio.

✓ **Dê *insights* ao negócio.** Ainda que de forma simples, faça análises com base no que se tem de *logs* de monitoramento e proponha itens ao negócio. Pode ser um ajuste de uma funcionalidade existente para melhorar a performance, uma sugestão de aposentadoria de um item (que gera economia ao negócio) ou algum *insight* sobre o comportamento do cliente. Ao fazer isso, não só se ganhará o respeito do negócio, como também os times entenderão o valor de observar a aplicação.

✓ **Foque em estimular a cultura.** Em muitas empresas, a cultura reativa de resolver problemas acaba gerando visibilidade e destaque aos times que resolvem os problemas. Importante que se valorize também quem evita os problemas e age proativamente.

✓ **Otimize desempenho e custos.** Manter *logs* é caro e monitorar clique a clique pode impactar no desempenho da aplicação. Preocupe-se com os colaterais e otimize. Busque ferramentas mais baratas ou limite o escopo do monitoramento, se esse for o desejo do negócio, mas não deixe de implementar algo.

Conclusão

Com este capítulo, espero ter explicado um pouco sobre os desafios de implementar a observabilidade em aplicações durante o desenvolvimento ágil. Apesar das dificuldades, manter-se atento e se esforçar para garantir a confiabilidade é uma responsabilidade de todos. Vale a pena garantir ao cliente a melhor experiência possível.

21. Como introduzir a cultura de observabilidade no ambiente corporativo

Patrick de Souza Ferreira

Despertando a consciência organizacional

A observabilidade refere-se à capacidade de entender e diagnosticar o funcionamento interno de sistemas complexos. Propaga-se pelo monitoramento detalhado, rastreando desde o desempenho de softwares até a eficácia de processos, proporcionando uma compreensão completa do ecossistema e uma produção valiosa de *insights* para o negócio.

É fundamental cultivar uma mentalidade que priorize a tomada de decisões baseadas em dados, não somente no conhecimento tácito ou achismo. Uma gestão com mentalidade de cultura de observabilidade supervisiona e participa ativamente da busca pelo entendimento dos processos e recursos da empresa.

Entretanto, implementar uma cultura não é fácil. A resistência à mudança, a complexidade tecnológica, a incompreensão pela gestão, os custos de implementação e a falta de engajamento podem ser obstáculos a serem superados. Dessa forma, são necessárias estratégias para promover uma transição suave e eficiente.

Cinco desafios e resistências na implementação da cultura da observabilidade

Introduzir a cultura da observabilidade em uma organização é uma jornada que, embora repleta de promessas transformadoras, também enfrenta resistências. Nessa seção, exploraremos cinco prováveis desafios encontrados na implementação dessa cultura em uma organização.

1. **Resistência à mudança:** frequentemente, as organizações deparam-se com a resistência à mudança, especialmente ao introduzir uma cultura totalmente nova. Colaboradores podem opor-se à adoção de práticas distintas do *status quo*, temendo mais trabalho ou aprendizagem de novos processos. Afinal, a mudança implica movimento, e o movimento requer esforço, uma troca que consome energia. É intrínseco ao ser humano querer preservar energia, portanto é comum encontrar resistências, sobretudo quando consideramos colaboradores que não possuem um perfil voltado para a inovação.
2. **Complexidade tecnológica:** considere um cenário empresarial que abrange diversas linguagens de desenvolvimento e uma variada gama de soluções de software, englobando aplicações *web*, *mobile*, *serverless*, *desktop*, serviços em segundo plano etc. Nesse contexto, a correta implementação da coleta de dados se configura como um desafio, no mínimo, trabalhoso.
3. **Incompreensão pela gestão:** é muito importante que a gestão da empresa esteja ciente da relevância da observabilidade. Em algumas instâncias, ela é mal interpretada, sendo percebida como uma simples camada técnica adicional, em vez de uma cultura organizacional essencial. Essa limitação de entendimento pode resultar em uma adesão superficial e pouco comprometida por parte da gestão, prejudicando a plena integração e absorção dos times.
4. **Custos de implementação:** a introdução de uma cultura de observabilidade demanda investimentos em tecnologia, treinamento e adaptações estruturais. É natural que surja resistência diante da preocupação com os custos e da incerteza sobre os retornos a longo prazo. Entretanto, é crucial enxergar esses investimentos como alicerces sólidos para uma transformação duradoura, onde os benefícios, embora possam não ser imediatamente tangíveis, reflitam de maneira significativa na eficiência operacional e confiabilidade ao longo do tempo. Essa jornada, apesar de desafiadora financeiramente, é um caminho necessário.
5. **Falta de engajamento:** para empresas que priorizam resultados imediatos, a falta de engajamento pode ser um entrave à implementação efetiva de novas práticas, especialmente aquelas que realizam estimativas de prazos sem participação do time de desenvolvimento. Imagine um ambiente que é frequentemente caracterizado por prazos curtos e pressões constantes – isso pode desencorajar a equipe, minando o espaço para a criatividade e uma abordagem proativa. Além disso, dependendo do perfil profissional, o colaborador pode não adotar uma postura proativa de estimular a busca contínua por melhorias por meio da observação. A pressão constante para atender a prazos apertados pode criar uma dinâmica em que a equipe prioriza tarefas imediatas em detrimento de iniciativas inovadoras e preventivas.

Dez estratégias eficazes na implementação da cultura da observabilidade

Com a complexidade das aplicações modernas, a implementação da cultura da observabilidade é mais do que uma meta; é uma jornada estratégica que redefine a forma como as empresas percebem, diagnosticam e respondem aos desafios. Nesta seção, exploraremos dez estratégias eficazes que transcendem a teoria.

1. **Liderança engajada:** o ponto de partida inicial começa em uma liderança comprometida e sintonizada com os princípios da observabilidade. Líderes visionários não se limitam apenas a estimular; eles participam ativamente na jornada, evidenciando o comprometimento necessário para instigar e inspirar toda a organização. Assim, o passo inicial consiste em destacar os benefícios da cultura da observabilidade para a gestão, evidenciando os inúmeros ganhos que ela pode proporcionar a toda a empresa e as novas oportunidades de negócios que podem florescer a partir desse comprometimento.
2. **Compreensão do ecossistema:** antes de adentrar no processo de implementação da observabilidade, é importantíssima uma compreensão do ecossistema organizacional. Esse processo engloba o mapeamento dos processos, a identificação das interconexões e a medição da complexidade. Em cenários grandes e complexos, a abordagem de decomposição em contextos menores se revela essencial para facilitar a execução.
3. **Aquisição de ferramentas adequadas:** sistemas de monitoramento avançados, análise de dados preditiva e *dashboards* intuitivos configuram-se como componentes-chave, aumentando a capacidade de observação em tempo real. Importante ressaltar que o critério de seleção dessas ferramentas não deve se pautar exclusivamente pelo custo mais baixo. Embora o aspecto financeiro seja relevante, não é o único determinante de um bom custo-benefício. A eficácia, a qualidade e a sinergia com as necessidades específicas da organização desempenham um papel crucial na tomada de decisão.
4. **Integração da observabilidade com o desenvolvimento:** a adoção da observabilidade desde as fases iniciais do desenvolvimento de projetos é uma estratégia eficaz. Ao fomentar uma mentalidade de Desenvolvimento Orientado pela Observabilidade (ODD) desde a concepção, as equipes se engajam na criação de softwares observáveis. Construir sistemas mais confiáveis e com maior capacidade de resposta desde o estágio embrionário é uma abordagem proativa que visa não apenas a detecção de potenciais problemas, mas a prevenção.

5. **Compartilhamento de conhecimento:** estabelecer canais para compartilhamento de conhecimento é uma estratégia poderosa, como documentação transparente, guildas para transmissão de conhecimento e uma cultura que valorize a disseminação do aprendizado.
6. **Foco na resolução proativa:** a observabilidade não é apenas sobre identificar problemas, mas antecipá-los e resolvê-los proativamente. Não é necessário o cliente abrir um chamado para o suporte para que posteriormente o time de desenvolvimento atue. Se o time de desenvolvimento tem ciência do erro, a resolução proativa melhora a experiência do usuário e traz mais confiabilidade para o sistema.
7. **Capacitação e treinamento contínuo:** conduzir programas de capacitação e treinamento contínuo é crucial para assegurar que a equipe compreenda os princípios da observabilidade e esteja atualizada com as últimas tecnologias e práticas.
8. **Métricas alinhadas aos objetivos:** definir métricas alinhadas aos objetivos organizacionais é um passo estratégico. Medir o sucesso da observabilidade solidifica sua relevância. A criação de objetivos de nível de serviço (SLOs) e indicadores-chave de desempenho (KPIs) de acordo com a necessidade do negócio é uma boa estratégia.
9. **Monitoramento constante:** criar monitoramentos é importantíssimo para manter a confiabilidade do sistema. No entanto, é necessário ter bom senso do que será monitorado, pois se tiver algum monitoramento descalibrado, isso gerará inúmeros alertas e o time não terá capacidade de atuação, perdendo a sua criticidade.
10. **Participação de todos os departamentos:** as ferramentas de observabilidade transcendem a esfera exclusiva dos desenvolvedores de software, destinando-se a todas as equipes (qualidade, produto, experiência do usuário etc.), pois abriga informações cruciais que refletem em todas as áreas.

Concluindo, a cultura da observabilidade é mais do que um conceito; é uma abordagem que redefine a forma como as organizações entendem e respondem aos desafios. É um convite para transcender a superfície dos dados e adentrar na compreensão como um todo.

22. Indicadores de desempenho e foco no cliente

Bruno Budin Daniel

Introdução

A observabilidade se tornou uma característica fundamental dos sistemas modernos, permitindo que as equipes entendam e melhorem o desempenho dos negócios. O comportamento cada vez mais dinâmico, a demanda por mais velocidade nas interações, a disponibilidade quase ininterrupta e a concorrência ampliada tornam o cenário cada vez mais caótico e incerto. A tecnologia já é, definitivamente, parte da estratégia do negócio, com uma cadeira permanente e voz ativa nos *boards* das empresas.

Medir o que acontece na tecnologia, por si só, é o primeiro desafio. Monitorar a disponibilidade de recursos, a performance de sua infraestrutura, entender a interação dos sistemas e serviços de tecnologia, detectar e alertar situações anômalas, entre muitos outros atributos conhecidos como observabilidade, é crucial para manter a operação desse ecossistema em um nível saudável. Este capítulo explora como os indicadores de negócio podem ser integrados às práticas de observabilidade para impulsionar o sucesso empresarial.

Ao longo da minha carreira, lembro de sempre tentar entender um pouco mais do negócio ou do processo por trás daquela tarefa e receber apenas partes de uma resposta, como se fôssemos nós (da TI) e eles (do negócio). Como posso saber se meu desempenho está adequado ao resultado esperado, não pela tarefa em si, mas pelo que se espera daquela tarefa no ciclo de vida do negócio?

Quando pensamos em um modelo de *startup*, essa visão *end-to-end* pode ser mais facilmente identificada justamente pelo tamanho de sua estrutura, onde o acúmulo de funções é presente e, portanto, até mesmo uma única pessoa pode deter grande parte das informações da cadeia de valor, um pouco diferente de uma empresa tradicional. Veja que em nenhum momento citamos qualquer relação com a capacidade de ferramentas ou das equipes, mas com a maneira como a informação está disponível, difundida e conhecida.

Se você é *full stack* ou um unicórnio com asas (que dá no mesmo), pode ser mais fácil conhecer com propriedade toda essa cadeia de valor: regras de negócio, campanhas, marketing, resultados do negócio, receita, taxa de conversão, engajamento, o código e seus métodos, classes, atributos, variáveis, dependências, conexões, segurança, sistema operacional, *middleware*, *frameworks*. Agora, para todos os outros meros mortais, essa capacidade vem justamente da visão holística integrada para que todos os envolvidos nessa cadeia de valor trabalhem em prol de resultados e objetivos claros e definidos e que tenham como base métricas, *traces* e *logs* que, correlacionados, tragam não somente o contexto técnico, mas principalmente a perspectiva de negócio e sua dinâmica associada diretamente ao comportamento da tecnologia.

Seja *startup*, seja um grande conglomerado, o conhecimento liberta. Para profissionais de tecnologia, a observabilidade orientada a negócios capacita, empodera e dá autonomia, além de reduzir drasticamente as famosas salas de guerra e crises que poderiam ser um simples e-mail. Saber o real impacto de um alerta, uma indisponibilidade de um sistema, uma falha em algum recurso de infraestrutura, com o contexto de negócio adequadamente associado e conhecido, ajuda não somente a dizer o quão crítico é, mas principalmente o quanto estamos deixando de atender, vender, ganhar, criar. Conheça o seu negócio.

Indicadores de negócio

Indicadores-chave de desempenho, ou *Key Performance Indicators* (KPIs), são métricas utilizadas para avaliar fatores cruciais para o sucesso de uma organização. Diferentemente das métricas operacionais, que monitoram o desempenho do sistema, os KPIs estão diretamente ligados aos objetivos estratégicos da empresa.

- ✓ **Receita Recorrente Mensal (MRR):** mede a previsibilidade e estabilidade da receita.
- ✓ **Custo de Aquisição de Cliente (CAC):** avalia a eficiência das estratégias de marketing.
- ✓ ***Lifetime Value* (LTV):** estima o valor total que um cliente trará durante seu relacionamento com a empresa.
- ✓ ***Net Promoter Score* (NPS):** reflete a lealdade dos clientes e a probabilidade de recomendarem a empresa.

Os exemplos citados são um bom ponto de partida para o início da jornada. Para que os KPIs sejam efetivos, eles devem estar alinhados com os objetivos de longo prazo da empresa, medidos e acompanhados como *Objective and Key Results* (OKRs). Por exemplo, se o objetivo é aumentar a retenção de clientes, o foco deve estar em métricas como a taxa de *churn* e o NPS. Esses objetivos de mais alto nível definem um rumo, para "onde" devemos direcionar os esforços; porém, indicadores com um nível mais próximo do operacional definem a rota, ou o "como" faremos para atingir os objetivos.

Vamos a um exemplo prático: a empresa "X" tem como principal produto uma plataforma digital 24x7 que entrega os principais serviços bancários, tais como seus concorrentes. Ela definiu um OKR para seu NPS. Um dos indicadores que se destacam aqui é nitidamente o total de horas em que sua plataforma está no ar. Mas só isso? Apenas disponibilidade não confere qualidade, rapidez e, principalmente, satisfação do cliente no final da transação.

Iniciar com questionamentos simples, como quantos clientes trafegam por nossa plataforma, qual o serviço mais acessado, quais horários de maior acesso ou quais os canais mais acessados, já dão uma ideia de quais serão os principais indicadores de performance operacional. Algumas perguntas podem ficar sem resposta – não pela falta de informação, mas pela dificuldade de acessá-la. É aí que a observabilidade começa a estreitar o caminho e criar uma conexão direta com o negócio.

Capacitando a observabilidade

A observabilidade baseada em *HTTP status* é um aspecto crucial para entender a experiência do cliente em uma plataforma digital. Os códigos de status HTTP fornecem uma visão imediata da saúde das transações *on-line*. Por exemplo, um aumento nos códigos de status HTTP 500 pode indicar problemas de infraestrutura que podem afetar diretamente a satisfação do cliente, pois suas transações não podem ser concluídas com sucesso.

Além da disponibilidade da plataforma, é essencial considerar a qualidade e a rapidez das transações. Códigos como HTTP 200 indicam sucesso, mas não revelam, por exemplo, a latência da transação. Portanto, é importante monitorar o tempo de resposta junto com os códigos de status para garantir que as transações não apenas sejam bem-sucedidas, como rápidas e eficientes.

Para aprimorar a satisfação do cliente, podemos associar os códigos de status HTTP com métricas de experiência do usuário, como:

- ✓ **Tempo de carregamento da página:** páginas que carregam podem resultar em códigos HTTP 200, mas o carregamento lento pode frustrar os usuários, mesmo que a transação seja bem-sucedida.
- ✓ **Erros de cliente (HTTP 4XX):** altas taxas de erros do cliente podem indicar uma interface de usuário confusa ou problemas de navegação.
- ✓ **Erros de servidor (HTTP 5XX):** frequentes erros de servidor podem ser sinal de instabilidade da plataforma, o que pode diminuir a confiança do cliente e afetar negativamente o NPS.

Portanto, para uma empresa como a "X", que busca melhorar seu NPS, é vital monitorar a disponibilidade da plataforma, a qualidade e a eficiência das transações. Isso pode ser feito através de uma observabilidade aprofundada que tem como principal aliado o pilar de *logs*.

A captura, a ingestão e a análise de *logs* são essenciais para manter a saúde operacional de uma plataforma digital. Os *logs* capturam uma variedade de eventos dentro de um sistema, incluindo transações de usuários, erros e mudanças de estado. Eles são fundamentais para entender o comportamento do sistema e dos usuários, identificar problemas e otimizar o desempenho. A análise desses *logs* pode revelar tendências de uso, picos de tráfego e padrões de erros.

Um *log* de aplicação pode conter diversos campos que ajudam a identificar e analisar eventos dentro de um sistema. Aqui estão alguns campos comuns:

- ✓ ***Timestamp*:** data e hora exatas em que o evento ocorreu.
- ✓ **Nível de severidade:** indica a gravidade do evento, como *INFO*, *WARN*, *ERROR* ou *FATAL*.
- ✓ **ID do evento:** identificador único para cada evento registrado.
- ✓ **Mensagem de *log*:** uma descrição textual do evento, que pode incluir mensagens de erro ou informações de status.
- ✓ **ID do usuário:** identifica o usuário associado ao evento, se aplicável.
- ✓ **Endereço IP:** o endereço IP do cliente ou servidor de onde o evento originou.
- ✓ **Nome do *host*:** o nome do servidor ou máquina onde o evento ocorreu.
- ✓ **Nome da aplicação/componente:** identifica qual parte do sistema está registrando o evento.

- ✓ **Código de erro:** se o evento for um erro, este campo pode conter um código específico associado ao erro.
- ✓ ***Stack trace*:** para erros, uma pilha de chamadas que mostra onde o erro ocorreu no código.
- ✓ **URL da solicitação:** em aplicações *web*, a URL que foi acessada quando o evento ocorreu.
- ✓ **Dados de entrada:** informações sobre quaisquer dados de entrada que foram processados no momento do evento.
- ✓ **Tempo de execução:** quanto tempo levou para se processar a solicitação ou evento.

A instrumentação das aplicações, bem como a utilização de plataformas de captura, ingestão e tratamento de *logs*, se torna crucial para a coleta de dados, o agrupamento e a geração de um contexto mais objetivo.

Foco no cliente

O termo "cliente" se refere a toda pessoa ou empresa que adquire produtos ou serviços de outra pessoa ou empresa. Podemos inferir que, no final de cada transação, somos e seremos sempre pessoas servindo pessoas.

De fato, a tecnologia e a digitalização de diversos setores e empresas trouxe ganhos significativos em processos, redução de custos operacionais, logísticos e consequente aumento de receita e lucro. Como toda história tem dois lados, a tecnologia também acabou por distanciar as pessoas que servem das pessoas sendo servidas. E quanto mais o cliente se torna uma figura abstrata, um conceito, um número, mais esse abismo se amplia.

Tendo como referência os OKRs de negócio, os KPIs operacionais e os indicadores de observabilidade, chamaremos todo esse processo de "foco no cliente", que será baseado em:

- ✓ ***Dashboards* personalizados:** crie painéis que exibam tanto métricas técnicas quanto KPIs em tempo real. *Dashboards*, porém, devem ser apenas guias e formas rápidas e democratizadas de acesso às informações. Evite basear a operação apenas no visual.

- ✓ **Sistemas de alerta:** a configuração de alertas para notificar as equipes quando os indicadores de negócio desviarem dos valores esperados é o que garantirá a rápida resposta.

Dashboards e alertas são a primeira linha de defesa para o processo de observabilidade, com foco em avaliar o comportamento atual em comparação ao esperado. Ambos se baseiam em dados correlacionados. Esse é o momento de transformar tais dados de consumo imediato em dados disponíveis e com histórico, para uso em:

- ✓ **Identificação proativa de problemas:** a observabilidade permite que as equipes de TI detectem problemas antes que eles afetem o cliente. Por exemplo, um aumento inesperado no tempo de resposta de uma aplicação pode ser um indicador precoce de um problema que, se não resolvido, pode frustrar os usuários.
- ✓ **Análise de causa-raiz:** quando ocorre um problema, a observabilidade fornece as ferramentas necessárias para se realizar uma análise de causa-raiz detalhada.
- ✓ **Melhoria contínua:** os dados históricos coletados podem ser analisados para identificar tendências e padrões. Isso pode levar a melhorias no design do sistema, na infraestrutura ou nos processos, resultando em uma experiência mais suave e confiável para o cliente. Auxilia na priorização do *backlog* de melhorias em detrimento a uma nova funcionalidade, por exemplo.
- ✓ ***Feedback* direto do cliente:** se vários clientes relatam dificuldades com uma certa funcionalidade, os dados podem ser usados para investigar e resolver o problema rapidamente. O uso de dados das redes sociais sobre a percepção do cliente, em certas situações, pode ser até mais rápido que todo o processo de observabilidade.
- ✓ **Personalização da experiência:** ao entender como diferentes usuários interagem com o sistema, a observabilidade pode ajudar a personalizar a experiência do cliente. Isso pode levar a recomendações personalizadas ou ajustes na interface do usuário para melhor atender às necessidades individuais.

Podemos destacar um caso de uso típico, em que um cliente teve uma experiência frustrada em sua jornada dentro de um aplicativo. Mesmo com todo o processo de detecção, alerta, supressão e correção do incidente, o cliente já foi afetado – e é nesse momento que milhares de reais investidos em marketing, sistemas, infraestrutura, pessoas e processos podem ser insuficientes e ineficientes para garantir a permanência daquele cliente e a perda para a concorrência. O que faria então a diferença na jornada desse cliente? Sabendo exatamente quem é o cliente e tendo o processo de "foco no cliente" estruturado em toda a empresa, cada área poderá agir, mesmo que a situação seja desfavorável, como, por exemplo, uma indisponibilidade. Uma área de atendimento, por exemplo, poderá comunicar ativamente os clientes sobre falhas e previsão de retorno, ou uma área de relacionamento pode se valer das mesmas informações e reaproximar o cliente afetado com ofertas especiais ou simplesmente um "mimo" que mostre que ele é importante e que a empresa se preocupa genuinamente com ele.

Concluindo, a observabilidade não é apenas um modelo técnico; é uma filosofia que coloca a experiência do cliente no centro das operações de TI. Ao focar na jornada do cliente e resolver problemas de atrito e insatisfação, as empresas passam a entregar valor real e tangível aos seus clientes.

23. Observabilidade estratégica: alavancando o negócio com funis de conversão

Vinicius Alves Ribeiro

Quando ouvimos falar em observabilidade, logo nos vem à cabeça métricas ligadas à infraestrutura, como utilização do percentual de memória, uso dos *cores* dos CPUs, espaço utilizado e livre dos discos de armazenamento, tráfego de rede em máquinas etc. Também pode ser algo que nos remeta a milhares de linhas de *logs* gerados por servidores e aplicações.

Embora não seja errado relacionar a observabilidade a itens voltados para o gerenciamento e monitoramento da infraestrutura, sua utilização pode se tornar um grande aliado na geração de valor para o negócio, seja entendendo o volume de acesso de usuários em determinados períodos, (como, por exemplo, se temos mais acessos em dias comuns de pagamentos, como o quinto dia útil do mês, ou se temos mais acessos em finais de semana), seja até mesmo entendendo como é o comportamento do cliente no ecossistema do nosso software, medindo o tempo em que ele fica em determinada tela, se telas com menos textos e mais imagens têm maior volume de acesso do que as demais, verificando assim quais são as preferências dos usuários na sua jornada de utilização do software.

A constante (e necessária) evolução do produto, com novas *features*, refatoração de processos antigos e correção de *bugs*, depende do nosso entendimento sobre como está o cenário atual, ou seja, para qualquer melhoria ou correção precisamos saber os sintomas. Então não basta querer melhorar, temos que entender o momento, o que está acontecendo, como podemos resolver os problemas e quais melhorias conseguimos aplicar.

Se você não pode medir, não pode gerenciar. (Peter Drucker)

Partindo desse princípio, conseguimos obter vários *insights* que podem nos guiar a melhorias, não só no que tange a aspectos da experiência do usuário, mas também como o software em questão pode evoluir para melhorar a experiência em nosso site, *e-commerce*, aplicativo, ERP etc. Uma jornada mais agradável para o usuário o estimula a permanecer maiores períodos dentro do sistema, convertendo um simples acesso em uma venda de um produto.

Hoje várias empresas já usam métodos de observabilidade voltados ao negócio, como, por exemplo, lojas de *e-commerce*. Quando um possível cliente acessa a plataforma de vendas e inicia a navegação pelos produtos, eles passam algum tempo lendo especificações, comentários, valores, sendo possível verificar até mesmo se aquele indivíduo adicionou algum item ao carrinho. Os passos que o usuário executa no site e o tempo que ele passa ali geram métricas que permitem fazer algumas análises.

Podemos então descobrir alguns comportamentos do indivíduo, como, por exemplo, se ele fica um período grande em uma página que exibe o preço de um produto. Ele pode estar em dúvida ou até mesmo comparando os valores em sites de concorrentes. Com a análise desse comportamento, a empresa pode tomar alguma ação, como enviar um e-mail com um cupom de desconto, induzindo-o a efetuar a compra do produto.

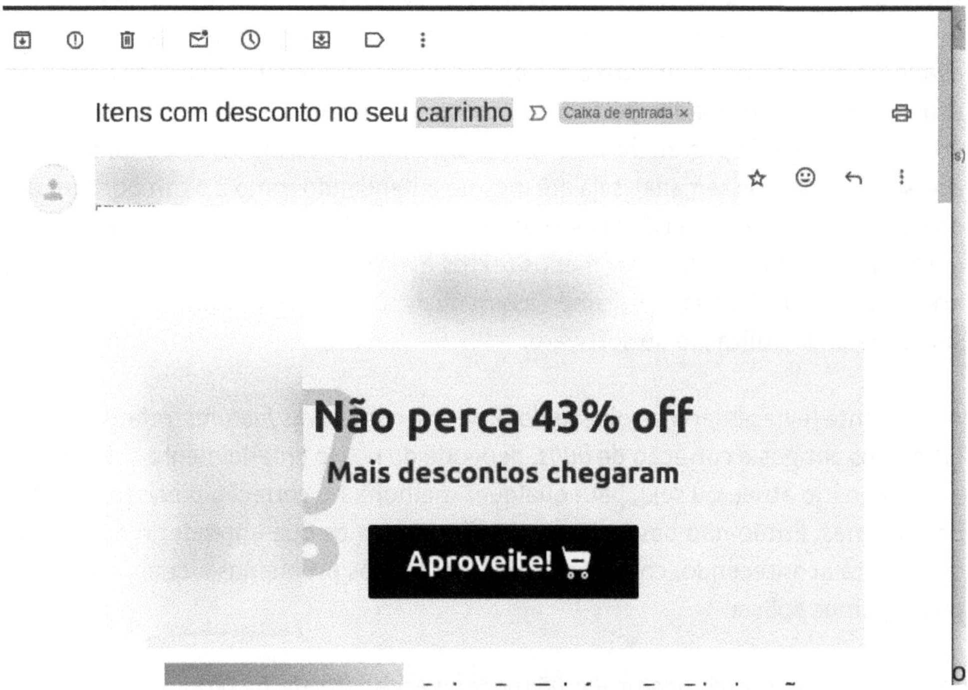

Figura 23.1. Cupom (*print screen* de um e-mail enviado de um *e-commerce*).
Fonte: o autor.

Com o uso de algumas métricas, a empresa consegue converter em uma venda efetiva aquele cliente que entrou no site apenas para pesquisar informações de um produto, ou que só queria saber se o preço estava menor que o do concorrente.

Um modelo que vem ganhando notoriedade no mundo da observabilidade aplicada a negócios é o **funil de conversão**. Ele tem o objetivo de simplificar a forma como visualizamos as métricas coletadas, transformando os números trazidos em algumas possíveis ações.

No funil de conversão agruparemos e afunilaremos os números de cada etapa da jornada do cliente no sistema.

Quando tratamos de jornada do cliente, estamos falando desde o acesso do site via URL, buscadores etc., passando pela pesquisa do produto na barra de *search* do site, a adição ao carrinho até o momento de processar o pagamento e confirmar a compra.

Dentro dessa jornada, mapeamos quais são as etapas que o cliente de um *e-commerce* percorre até concluir a compra.

1. Acesso à página do site
2. Acesso à página do produto específico
3. Avaliações do produto
4. Adicionar o produto ao carrinho
5. *Login* de usuários/novo cadastro
6. Preenchimento do endereço de entrega
7. Opções dos pagamentos
8. Finalização da compra

Com a jornada de compra mapeada, podemos construir a visão utilizando o funil de conversão:

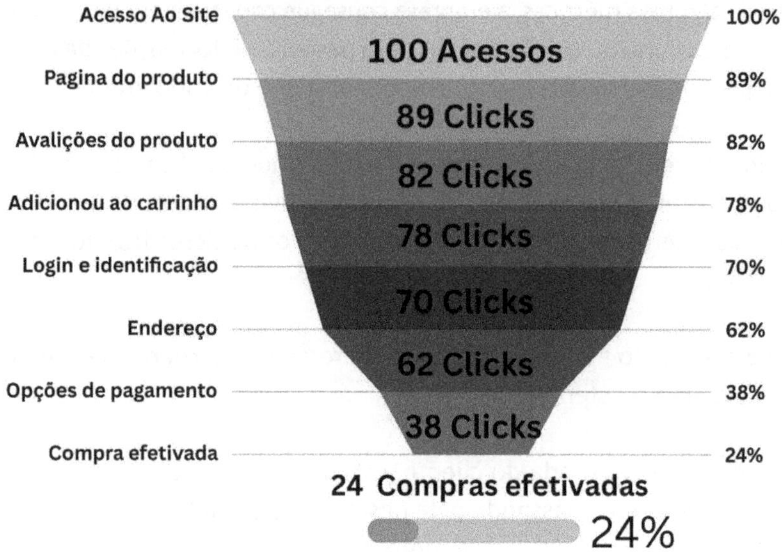

Figura 23.2. Funil.
Fonte: o autor.

Cada etapa do processo de compra foi representada e quantificada em ordem cronológica. Após obtermos os números de cada etapa, notamos uma conversão ou não da etapa anterior.

Podemos então ter alguns indícios de possíveis erros nas etapas da jornada e também indicação de que podemos realizar algumas melhorias, como, por exemplo, associar o baixo nível de conversão de compra (24 para 100 acessos) a um possível erro na estratégica de UX no layout do site. Uma possível má experiência do nosso usuário com a interface pode desestimulá-lo a continuar o processo de compra no nosso *e-commerce*.

É importante ter em mente que a cada dia mais pessoas com perfis diferentes vêm buscando opções de compra *on-line*. Então, sim, para termos a maior taxa de conversão possível, devemos ter um site fácil para todas as idades, classes e gêneros.

Por outro lado, essas informações podem nos indicar a existência de algum erro proveniente de infraestrutura ou de falha no desenvolvimento do serviço. Podemos observar que há um afunilamento considerável na transição entre a etapa de preenchimento do endereço de entrega e a seleção dos meios de pagamento, com uma baixa conversão.

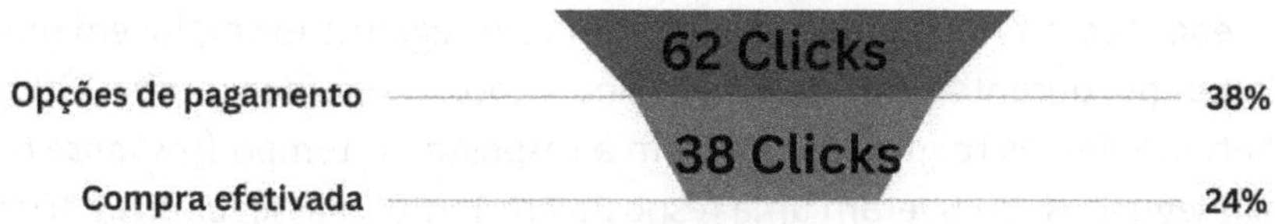

Figura 23.3. Funil fatiado.
Fonte: o autor.

Isso pode nos indicar alguma falha no serviço de endereço (por exemplo, várias requisições podem estar sendo perdidas com erros oriundos do servidor) ou algum erro sistêmico nessa parte do processo.

É bem importante que tenhamos monitoramentos complementares ao funil, como, por exemplo, SLIs de cada etapa, para que possamos medir a quantidade de *status code* 200 x 500 no serviço de seleção do endereço da entrega ou a porcentagem de requisições que estão respondendo acima de 400 milissegundos. Assim, entenderemos se o servidor está com algum problema ou se está sobrecarregado (métricas de CPU, memória etc.).

Uma forma de complementar e elevar a eficiência do funil é o uso de **Apdex**, que visa avaliar a experiência dos usuários em etapas da jornada mapeadas no funil.

O Apdex avalia a experiência do usuário com o uso de um cálculo cujo resultado indica em qual faixa de satisfação o software avaliado está.

Na tabela a seguir podemos ver quais são as faixas avaliadas no Apdex:

Tabela 23.1. Tabela Apdex.
Fonte: Apdex (2007).

Apdex	Avaliando a satisfação e a experiência dos usuários				
	Excelente	Boa	Aceitável	Ruim	Inaceitável
Experiência	Os clientes obtêm respostas instantâneas e experimentam uma fluidez na utilização do sistema	Os clientes podem navegar com facilidade e com respostas rápidas.	Os clientes podem algumas vezes experimentar lentidões ao navegar.	Os clientes têm dificuldade em navegar, ou até mesmo não conseguem, obtendo erros constantemente.	O usuário não consegue acessar o sistema, em estado inoperante.
Valor	0,94 – 1,00	0,85 – 0,93	0,70 – 0,84	0,50 – 0,69	0 – 0,49

Para entender como Apdex funciona, utilizemos o seguinte exemplo: em um determinado tempo, durante o período de 1 minuto, nosso servidor recebe 100 requisições. Setenta dessas requisições tiveram a resposta no tempo (*response time*) de 500 milissegundos, 20 tiveram uma resposta em 1.300 milissegundos e 10 tiveram resposta em 5.000 milissegundos.

Ou seja, dentro de 100 *requests* tivemos 70 no nível bom, 20 no aceitável e 10 no ruim.

O cálculo do Apdex é representado com a seguinte fórmula:

$$APDEX = \frac{Total\ excelente + \frac{Total\ bom}{2}}{Total\ de\ amostras}$$

Sabendo a fórmula, agora podemos realizar o cálculo do Apdex do nosso exemplo, realizando-o da seguinte maneira: (70 + (20/2))/100 = 0,80.

Com o resultado de 0,80, podemos consultar a Tabela 23.1 e chegar à conclusão de que a experiência do usuário é aceitável.

Para realizarmos a construção do funil e usarmos o Apdex, se faz necessária a instrumentalização do nosso software, para que possamos coletar esses números com precisão.

O modelo mais utilizado são com dados e métricas oriundas de usuários reais que estão utilizando o sistema naquele período.

Na coleta dessas métricas, é importante identificar o usuário e registrar toda a sua jornada de forma única, para não termos fragmentos de várias sessões distintas, assim trazendo dados errôneos para o funil.

Para a identificação do usuário e do "período em que o usuário executa a mesma jornada de um processo", é comum a utilização de *cookies* de sessão, que permitem essa rastreabilidade.

Com alguns identificadores implementados, conseguimos garantir que a mesma sessão da jornada esteja mandando a informação para todas as etapas do funil.

Outro método, esse um pouco mais moderno que com usuários reais, é o chamado teste sintético, que consiste no uso de "robôs" por meio de chamadas diretas ao *endpoint* da API do processo. Ele pode ser usado em softwares como o Grafana K6 e Jmeter, ou com Selenium, que simula a utilização via UI bem semelhante à de um usuário real mesmo. Esses dados, gerados de forma sintética, permitem a execução de testes antes de liberar alguma correção ou nova funcionalidade em produção, ou até mesmo identificar erros e comportamentos sem ter um tráfego real de usuários.

Então finalmente conseguimos entender como podemos usar métricas e dados. Se antes os utilizávamos apenas para construir visões, gráficos e *dashboards*, agora conseguimos fazer com que essas métricas joguem a favor do negócio, seja para entender o comportamento do cliente no ecossistema do software ou para identificar possíveis erros que impediriam uma boa experiência e um uso fluido do produto pelos usuários.

24. Observabilidade sustentável

Ana Carla Cavalcante

Desde 1994, quando o autor e estrategista britânico John Elkington abordou os termos de desempenho social, ambiental e financeiro em seu livro "Cannibals with Forks: the triple bottom line of 21st century business" como forma de avaliar o sucesso nas empresas, esses três pilares vêm sendo adotados amplamente por governos e organizações de todo o mundo.

No relatório sobre o futuro do crescimento (WORLD ECONOMIC FORUM, 2024), o qual avalia a qualidade do crescimento das nações, uma das dimensões avaliadas é a sustentabilidade. Assim como para uma nação a sustentabilidade é um item relevante, para o crescimento organizacional ela é essencial.

Para a implantação de ações consideradas sustentáveis, cada nação deve estruturar alguns requisitos como: políticas aderentes, divulgação adequada, incentivos e benefícios, conscientização, acompanhamento da aderência das ações, apoio dos governantes para que essas políticas sejam consolidadas, demonstrações de ganhos obtidos durante a implementação e diversas outras ações necessárias para consolidar a sustentabilidade na região onde for implementada. Interessante salientar que cada região/nação poderá ter características próprias e específicas.

Realizando uma correlação com o mundo organizacional, esses são também os passos necessários para que qualquer mudança que gere grandes valores ao negócio seja implementada com sucesso.

Implementar ações de sustentabilidade em observabilidade seria como utilizar de forma consciente e sustentável os pilares que compõem essa base. A inexistência de consciência sustentável traz sérios problemas sociais e econômicos às organizações, além dos ambientais. Correlacionar os pilares da sustentabilidade com uma observabilidade sustentável é inevitável.

No universo da engenharia da confiabilidade, outros três pilares compõem a Observabilidade: *logs*, métricas e *traces*. Eles precisam de uma atenção especial, uma vez que a sua utilização indevida pode torná-los vilões e causar grandes impactos negativos e dores de cabeça para CTOs de empresas de diferentes tamanhos.

Impactos podem ser percebidos de diferentes formas: contas altíssimas em faturas de ferramentas de monitoramento e excessos de alertas indevidos que acionam desnecessariamente times fora do horário administrativo. Esses acionamentos em excesso acabam gerando desgaste no time e desencadeando uma série de outros fatores, como absenteísmo, *burnout* e *turnover*. Há ainda a falta de otimização dos recursos, sejam eles *on-premises* ou em *cloud*, necessitando de grandes *data centers*, podendo causar grandes emissões de carbono.

Nos exemplos citados pode-se observar claramente como as organizações que não investem em observabilidade sustentável são prejudicadas pela não implementação do tripé de sustentabilidade (ambiental, econômico e social), referência global em avaliação do sucesso empresarial.

O que é observabilidade sustentável?

Imagine que uma empresa possua muitos microsserviços, monolitos com diversas linguagens de programação, alguns fornecedores, diferentes tipos de bancos de dados (relacionais e não relacionais), muitos *squads* e desenvolvedores, grande *turnover* e algumas ferramentas de observabilidade.

Fazendo uma analogia, é possível comparar a quantidade de informações de observabilidade com o trânsito caótico de uma grande metrópole e seus efeitos na qualidade de vida de seus habitantes: da acessibilidade à poluição, é um cenário bem complexo.

Mas é possível implementar a **observabilidade sustentável**, a observalidade centrada no usuário e focada em tecnologia verde (*Green IT*). Eliminam-se desperdícios e, consequentemente, otimizam-se custos, gerando valor. O tema observabilidade começará a trilhar um caminho cada vez mais próximo da camada do negócio, tornando-se não somente essencial para a disponibilidade dos produtos gerados, como também para o apoio a ações futuras.

A observabilidade sustentável traz inúmeros benefícios e ganhos econômicos em ferramentas, com a redução do número de incidentes, do consumo computacional, do armazenamento de dados e do impacto operacional, além de melhorar a eficiência energética da empresa e o impacto social.

Por onde começar?

Aplicar sustentabilidade à observabilidade vai além da redução da emissão do gás carbônico, a qual irá colaborar imensamente com o nosso planeta. A observabilidade sustentável contribui para aumentar a eficiência dos sistemas, reduzir desperdícios e otimizar custos. Qual organização não se interessaria por essa temática?

Então, para responder à pergunta "por onde começar?", a melhor resposta é: "de onde você se encontra e com os recursos que você tem". Isso mesmo. Não precisa esperar pelo momento ótimo, pela melhor contratação de uma ferramenta ou de um especialista técnico ou qualquer cenário que julgue essencial para iniciar um movimento de sustentabilidade.

A conscientização de iniciar o quanto antes é essencial. Porém, infelizmente, dependendo do cenário em que se inicia esse processo sustentável, começam os movimentos de remoção do que já é observado/monitorado, para ir diminuindo a quantidade de itens monitorados, pensando erroneamente que essa é a única alternativa para manter a observabilidade viva dentro da organização.

A visão de como está a observabilidade na organização é importante e necessária, pois não existe um momento oportuno ou uma *flag* específica que determine quando é melhor iniciar o movimento de observabilidade sustentável. Na realidade, o ideal é que toda observabilidade inicie com essa visão. O que se vê atualmente nas organizações é o que se chama de "correr contra o tempo".

A seguir, um passo a passo para o início de uma observabilidade mais sustentável, com base nas experiências vivenciadas em cenários diversos e com *insights* e percepções de melhorias obtidas.

1. Monte um *dashboard* na sua ferramenta de observabilidade mais utilizada, caso tenha mais de uma, com os três pilares de observabilidade (*logs*, métricas e *traces*).

2. Avalie o crescimento desses pilares montando um *baseline* (algumas ferramentas de mercado fornecem esses insumos).
3. Crie um *dashboard* para cada produto, contemplando as informações dos três pilares da observabilidade.
4. Para cada produto monte um *baseline* conforme item 2.
5. Converta o valor apresentado do seu levantamento na moeda em que paga ao fornecedor (real ou dólar), para ter uma noção de custo de observação mensal/ano daquele produto específico, por exemplo. É interessante disponibilizar essas informações em *dashboards*.
6. Com essas análises, você saberá em qual dos três pilares da observabilidade poderá começar a atuar.
7. Apresente o modelo ao seu gestor e levante *stakeholders* para a sua ação de sustentabilidade. Mudança cultural precisa de apoio da alta gestão.
8. Com o apoio da alta gestão e com os dados levantados, comece a ação de observabilidade sustentável.
9. No estudo de caso em questão, o pilar escolhido foi o *log*.
10. Após escolher o pilar, precisamos escolher um aliado. Essa é a próxima fase.

Essa é apenas uma ideia com aplicabilidade vivenciada na prática profissional, mas ela não é a única. Existem inúmeras outras possibilidades. Todo o levantamento na fase de implementação da observabilidade sustentável é inicialmente superficial e abrangente. E claro que o custo de observabilidade de um produto muitas vezes pode justificar o ROI que esse produto fornece à uma organização. Então, muito cuidado ao tomar qualquer conclusão precipitada em análises iniciais.

Como conseguir um aliado?

A palavra "aliado" é oriunda de "aliança". E aliança é um compromisso muito responsável. Portanto, a escolha de um aliado na validação de uma ideia tão relevante e tão impactante como observabilidade sustentável em uma organização precisa ser muito estratégica.

Com os dados em mãos (consumo dos pilares de observabilidade dos produtos) e com um aliado (líder técnico e/ou negócio) e/ou um *stakeholder* apoiando a ideia e a equipe responsável (muito importante), ficamos muito tentados a ir com muita "sede ao pote".

O que seria "sede ao pote"? Suponhamos que, nas análises dos pilares de observabilidade, o que mais chamou a atenção foi o consumo dos *logs*. Iniciaremos o movimento de observabilidade sustentável por esse pilar. Começaremos a atuar logo no produto que mais se destaca no consumo dos *logs* em observabilidade, para que gere rapidamente algum impacto de redução/otimização na organização.

Como disse Steve Jobs, "comece pequeno, pense grande. Não se preocupe com muitas coisas ao mesmo tempo. Comece com algumas coisas simples e depois avance para as mais complexas".

Porém, precisamos compreender melhor a informação que o dado nos mostra. Como sugestão, escolha um produto menor, com pouca complexidade e a cujo líder você tenha fácil acesso. Ter um bom acesso a quem você busca como aliado faz toda diferença. Para que dê certo, não basta apenas ter um levantamento de dados e um *stakeholder* apoiando; é necessário que o aliado tenha disponibilidade, vontade e acredite na sua ideia. A partir do momento em que ele acreditar na ideia, a ideia será dele também, e afinal todos poderão se beneficiar da implementação: o engenheiro de confiabilidade, o arquiteto, o time de produto, o time de gestão, a empresa e, principalmente, o cliente.

Com todos os critérios estabelecidos, o experimento pode ser iniciado. No estudo aqui proposto, o pilar da observabilidade escolhido para a primeira atuação de sustentabilidade foi o dos *logs*.

Conforme o experimento é implementado, é importante a realização de uma PoC (*Proof of Concept* – prova de conceito). É necessário provar em ambiente real aquilo que se tem no campo da ideia antes de levar para todo o ambiente produtivo.

Durante a PoC, construa documentações, políticas e padrões sobre o pilar. Esses documentos são de suma importância para definir o que realmente é necessário e essencial a ser observado; como os sistemas deverão gerar os *outputs* para que as ferramentas consumam os *logs* gerados por eles para serem observados; como esses *logs* precisam vir estruturados; que tipos de *logs* serão consumidos; qual o tempo de retenção nas ferramentas de observabilidade; e diversos outros fatores que precisam ficar claros para todos da organização.

A comunicação clara, recorrente, com demonstrações de ganhos efetivos de uma PoC com resultado prático em um produto da organização, fará toda a diferença em um momento tão importante, que envolve mudança cultural e comportamental na empresa.

Processo de divulgação e conscientização

Após finalizados todos os passos descritos anteriormente, é necessário divulgar o experimento realizado e incluir a temática observabilidade sustentável na organização. O *stakeholder* e seu aliado estarão com você nessa jornada. Juntos vocês farão algumas divulgações para toda a organização.

Essas divulgações ocorrerão por meio de apresentações, comunicados, gravações, ações virtuais/presenciais internas, todos os recursos de que sua organização dispuser durante um tempo preestabelecido (sugestão: de 15 a 20 dias). Durante esse período de divulgação, é imprescindível que as três figuras estejam presentes: *stakeholder* + aliado + idealizador (você).

Toda a estrutura para disponibilizar as documentações criadas deve estar pronta e apta a ser utilizada antes do período de divulgação, para que todos os interessados possam, após o processo de apresentação do experimento, se aprofundar mais um pouco no processo de observabilidade sustentável que começará a ser adotado na organização.

Durante o processo de divulgação é importante salientar os ganhos obtidos durante o experimento (PoC) e informar a importância da aderência de todos a esse modelo.

Por mais complexa que seja a mudança de *mindset*, faz-se necessário compreender que implementar observabilidade sustentável pode trazer muitos benefícios. Essa compreensão fará com que o time do produto se empenhe no processo de adequação, que muitas vezes pode ser oneroso.

Processo de implantação

Agora precisamos de um time que propague a observabilidade sustentável. No processo de implantação ocorrerá a disseminação desse modelo para toda a organização.

Aqui uma ideia: uma pessoa de cada produto pode ser responsável e representante da observabilidade sustentável no time, aqui chamada de facilitador. Os engenheiros da confiabilidade responsáveis por essa frente da observabilidade sustentável capacitam e mantêm os envolvidos sempre atualizados nas boas práticas adotadas para propagar em sua equipe as ações sustentáveis.

Assim, além do time de observabilidade, há nas equipes de produtos pessoas com conhecimento que podem disseminar a ideia da sustentabilidade desde a concepção do produto, tornando mais fácil a adesão dos novos produtos.

Nessa fase do processo de implantação, os facilitadores são capacitados pelo time de engenheiros da confiabilidade sobre como atuar para reduzir os *logs* de seus produtos. São orientados também a remover *debugs* habilitados nos diversos ambientes dos produtos, transformar *logs* do tipo INFO em métricas, além de obter melhor compreensão das políticas criadas.

Acompanhamento da implantação

Semanalmente os engenheiros da confiabilidade se reúnem com os facilitadores para acompanhar o andamento das atividades de adequação das aplicações à observabilidade sustentável em seus respectivos times e produtos.

Thresholds de acompanhamentos de *outliers* de consumo de *logs* desses produtos são implementados, disparando alertas de notificações aos engenheiros da confiabilidade e aos facilitadores sobre eventos anormais, para que sejam analisados e tratados enquanto a fase de implantação ocorre.

Nesse estudo foram estabelecidos três meses para a implantação completa de observabilidade sustentável no pilar *log*.

Colhendo os resultados e garantindo a continuidade

Após o período de implantação, os facilitadores que colaboraram de forma segregada finalizam esse apoio direcionado e o time que já apoia observabilidade na organização agrega ao seu *mindset* e à sua atividade diária a temática da observabilidade sustentável.

Dessa forma, o CoE (*Center of Excellence*), ou estrutura similar existente, pode inserir o monitoramento dos *thresholds* de *outliers* de *logs* dos produtos e fazer o *report* das anormalidades encontradas após a entrega finalizada dessa implantação.

Conclusão

O estudo de observabilidade sustentável descrito baseou-se em um *case* real, no qual apenas aplicou-se inicialmente o *mindset* sustentável no pilar *logs* da observabilidade, reduzindo, em termos financeiros, uma média de 35% aquilo que a organização pagava mensalmente ao fornecedor.

O uso dos recursos com inteligência é essencial para a sobrevivência de qualquer organização. Observabilidade é fundamental para o negócio e faz toda diferença na camada estratégica, apesar de atualmente poucas organizações perceberem sua importância, mesmo na camada operacional. Cabe aos engenheiros da confiabilidade e às suas lideranças inserirem o *mindset* da observabilidade sustentável em seu dia a dia, tornando o processo de observabilidade menos oneroso e mais eficiente e atrativo para o negócio.

PARTE IV.
OBSERVANDO NA PRÁTICA

25. Monitoramento proativo em implantações de alto impacto

Everton Juniti Ogura

Contexto

Em um projeto estratégico a fim de reduzir processos redundantes e ao mesmo tempo permitir *cross-selling* de produtos em uma plataforma de uma instituição financeira com milhões de clientes, novas aplicações foram construídas para simplificar a experiência do cliente e diminuir a latência na chamada do *frontend* para o *backend* mantendo uma padronização em vez de deixar para o *frontend* a orquestração de várias chamadas e retirando (quando possível) regras de negócio do *frontend*.

Nesse contexto, visando uma nova forma não só de trabalho de engenharia de software mas também solidificando certos processos, extensos testes de performance foram realizados com uma configuração de recursos que pretendíamos manter no ambiente de produção. Então um robô foi utilizado para simular milhares de clientes utilizando esses novos serviços ao mesmo tempo, e pudemos não só visualizar através de observabilidade o comportamento do sistema como um todo, mas também qual seria a melhor configuração possível para evitar desperdício e ao mesmo tempo conseguir escalar a aplicação para atender à demanda.

Primeiras impressões

Decidimos começar com algumas *releases* internas, ou seja, disponíveis de forma produtiva só que apenas para os colaboradores da empresa, a fim de coletar *feedbacks* não necessariamente de performance, mas muito mais de usabilidade com essas novas aplicações servindo a plataforma.

O que foi percebido em ambiente produtivo controlado é que o tempo de latência se manteve muito próximo do que vimos em homologação: nos testes de performance em homologação notamos um percentil 95 (P95) relacionado à latência de 16,8ms (milissegundos) por requisição, ou seja, 16,8ms para que a aplicação do *backend* conseguisse responder a uma requisição do *frontend* – em produção isso beirava os 22ms. Um dos fatores para a diferença foi que para os testes de performance em homologação foi utilizada uma "injetora de requisições" dentro da própria rede do ambiente onde a aplicação estava, o que diminui o caminho e a quantidade de recursos no meio entre requisição e resposta. Em produção havia mais recursos de infraestrutura no meio, adicionando alguns milissegundos ao total da chamada.

Para se ter uma ideia do que significa uma resposta em 22 milissegundos, o piscar de olhos humanos leva entre 100 e 400 milissegundos para acontecer (CHUDLER, 2024).

Aqui já temos uma informação muito importante: o que consideramos como a latência média no ambiente de produção para uma demanda que as aplicações de *backend* comportem tem que estar no limite de uso dos recursos (a qual indicamos um *threshold* de 70% tanto para CPU quanto para memória RAM), e também sem escalar a quantidade de *pods* para mais do que o mínimo necessário (o mínimo de réplicas que configuramos foi 5).

O impacto ao disponibilizarmos para os clientes em *release* pública

Após algumas *releases* em produção destinadas aos próprios colaboradores, vários *feedbacks* e ajustes tanto no *frontend* quanto no *backend*, decidimos fazer o lançamento que nomeamos como *release* pública para os clientes que não eram colaboradores da empresa.

É claro que não fizemos isso para todos os clientes de uma vez: selecionamos uma pequena faixa de clientes para monitorarmos aos poucos (tanto *frontend* quanto *backend*) o comportamento no uso da plataforma.

Começamos com dois mil clientes no dia de lançamento da nova plataforma – e é importante indicar que essa quantidade de clientes precisaria atualizar a plataforma para começar a visualizar o novo layout de *frontend* e fazer uso dos novos serviços de *backend*, portanto houve um tempo até que eles estivessem utilizando simultaneamente a plataforma.

Na parte de *backend* pela qual eu era responsável, fiz um monitoramento muito ativo através de *dashboards* do Elastic, DynaTrace e Grafana, com as seguintes informações:

Elastic:

- ✓ Quantidade de requisições para as várias rotas novas do *backend*
- ✓ Quantidade de requisições com status 200, 4xx e 5xx para cada uma das rotas
- ✓ Latência de resposta para todas as requisições (somadas todas as rotas), observando muito atentamente o P95 e P99
- ✓ Quantidade de requisições processadas por *pod*

DynaTrace:

- ✓ Gráfico de requisições *versus failure rates* individualizado por *endpoint* utilizado na nova estrutura
- ✓ Visualização rápida em formato de colmeia: status ok em verde e indisponibilidade em vermelho
- ✓ Top 10 serviços com maior percentual de *failure rates*

Grafana:

- ✓ Quantidade de requisições que chegavam ao *backend* (requisições não autorizadas, por exemplo, eram barradas no *API Gateway*, portanto é *workload* que não chegava no *backend*)
- ✓ P25, p50, P75, P90, P95 e P99 referente à latência para resposta de cada *endpoint*
- ✓ Quantidade de respostas ok e não ok
- ✓ Menor e maior latência registrada entre todas as requisições por *endpoint*
- ✓ Média de tempo de resposta entre todas as requisições por *endpoint*

Comecei fazendo um *report* a cada hora do dia, começando às 13:00h. Na janela de 12:00h às 13:00h já pegamos uma taxa considerável de *error rate* em um dos *endpoints* de um serviço específico consumido pelo usuário. Além do *error rate*, uma coisa que nos chamou a atenção foi a média de resposta estar em geral na casa dos 500ms, ou seja, 25 vezes maior do que a taxa que considerávamos normal (na casa dos 20ms).

Em um prazo de menos de duas horas descobrimos o problema, desenvolvemos a correção, fizemos os testes necessários em ambiente de homologação e fizemos o *deploy* em produção. Assim que fizemos o *deploy* em produção, já percebemos a melhora tanto em *error rate* quanto na latência média. Ao final do dia essa taxa de latência se manteve na casa dos 20ms.

No primeiro dia cerca de 150 clientes acessaram a nova plataforma. A partir do segundo dia passei a fazer o *report* a cada duas horas. Ao final do segundo dia já tínhamos cerca de 750 acessos referentes a 1.250 clientes. No final da primeira semana já tínhamos os 2.000 clientes que pretendíamos no lançamento utilizando a nova plataforma.

O real comportamento dos clientes utilizando a nova plataforma

Uma coisa muito interessante que percebemos com o monitoramento nas semanas seguintes, com cada vez mais clientes acessando a nova plataforma, foi a quantidade de requisições com *HTTP Status Code* 401 na resposta, o que indicava problemas de autenticação.

Ao estudar melhor o porquê, descobrimos que o cliente efetuava o *login* na plataforma, interagia com as funcionalidades e depois colocava a plataforma em segundo plano. A sessão de cada usuário estava em 30 minutos e observamos nos *logs* que o cliente retornava à plataforma em primeiro plano após esse tempo, tentando utilizar alguma *feature*. Como a sessão já havia estourado o tempo limite, o cliente era levado novamente à tela de *login*.

Não tivemos reais problemas de acesso, mas percebemos que o cliente tinha o comportamento de não fazer o *logout* na plataforma, deixando-a em segundo plano para retornar mais tarde. Isso nos trouxe uma importante oportunidade de mudar a forma como o *frontend* faz as chamadas ao *backend*. Propus ao *frontend* que verificasse se a sessão do *token* ainda estava válida antes de fazer a chamada ao *backend*, o que reduzia o falso-positivo relacionado a problemas de acesso e também diminuía a quantidade de requisições feitas ao *backend* de forma desnecessária.

Parece algo muito pequeno, mas pensando em milhões de requisições por dia (até a escrita deste case já se somavam 2 milhões de requisições/dia), trata-se de algo considerável: primeiro por questões do tráfego de rede em si, passando pela quantidade de validações de autenticação e uso dos recursos dos *pods* disponíveis (CPU e memória RAM). São todas questões importantes para o melhor uso das aplicações e seus recursos, evitando-se desperdícios.

Outro comportamento interessante que percebemos é que os clientes consultam muito mais certas funcionalidades da plataforma do que outras, em proporções realmente importantes. Isso nos diz como disponibilizar melhor certos recursos frente às outras funcionalidades, ou seja, há oportunidade de diminuir os recursos necessários para algumas funcionalidades e aumentar os recursos daquelas realmente mais importantes, em vez de deixar tudo "flat", ou seja, como se todas as funcionalidades fossem receber a mesma quantidade de requisições.

Esse é outro fator importante para evitar desperdícios e também evitar indisponibilidade, uma vez que é possível prever o quanto de recursos serão realmente utilizados pela quantidade de requisições que vemos em um determinado período de tempo. Além da melhor distribuição de recursos, podemos revisitar as configurações de *thresholds* das aplicações e também o *sizing* das réplicas (mínimo e máximo) para otimizar ainda mais nossas aplicações.

Comportamento do cliente em situações de crise

Durante o período de monitoramento ativo da nova plataforma, houve duas crises não relacionadas à plataforma em si (nem *frontend*, nem *backend*), mas que tiveram impacto significante no comportamento do cliente durante o uso da nova plataforma.

Os monitoramentos frequentes nos trouxeram dados importantes relacionados ao comportamento do cliente (quantidade de acessos por serviço) durante vários períodos do dia, ou seja, observamos que no período diurno há muito mais requisições do que o período noturno e que durante o período diurno há uma quantidade maior de requisições próximas ao horário do almoço (12:00h, horário de Brasília) até o final da tarde e começo da noite (próximo das 20:00h). Observando isso dia a dia, conseguimos indicar que há percentuais distintos de requisições por hora (por exemplo) de um determinado dia e podemos comparar isso a dias anteriores.

Foi possível então saber percentualmente a média de requisições em um determinado período como sendo o comportamento normal dos clientes. Se, por exemplo, 10% de todas as requisições do dia concentram-se entre 12:00h e 14:00h, é esperado que todos os dias haja esse mesmo comportamento.

Em situações de crise onde há indisponibilidade de algum serviço, o que percebemos através do acompanhamento no aumento de requisições em um determinado período (no período de crise) foi a quantidade de vezes que o cliente tentou acessar a plataforma (quantidade de *logins* + alguns serviços exibidos logo após o *login*). Isso pode refletir uma tentativa do cliente de utilizar os serviços desejados esperando que o período de indisponibilidade fosse momentâneo. Porém, conforme a crise se estendia percebíamos o cliente tentando acessar o serviço repetidamente, seja por ansiedade em utilizar o serviço tão logo ficasse disponível ou por necessidade do serviço naquele momento específico, não podendo aguardar.

O gráfico que mostra a quantidade de requisições aumenta consideravelmente se comparado ao percentual esperado visto nos demais dias de disponibilidade, tanto é que no *report* diário desses dias foi necessário indicar que a quantidade de requisições fora acima do comum por causa da crise.

É importante ter esse entendimento dos números em decorrência de crises para que haja o cuidado em relação a qualquer decisão relacionada a mudanças no sistema ou de negócio simplesmente baseada nos números totais, desconsiderando comportamentos atípicos.

Crises são ruins porque impactam a imagem da empresa perante seus clientes em relação à disponibilidade dos serviços desejados, mas também são uma oportunidade para estudar o comportamento do cliente nesses momentos e até prever qualquer configuração de recursos relacionados a "spikes" sobre requisições, bem como analisar se os *thresholds* para *autoscaling* estão suficientes para não gerar ainda mais gargalo (de latência) na plataforma como um todo, o que poderia potencializar a crise.

Uma coisa que observamos é que a nova plataforma estava bem resiliente, ou seja, apesar da indisponibilidade de alguns serviços/produtos, o que fora desenvolvido de novo para a plataforma não foi impactado por essa indisponibilidade, permitindo a navegação com dados pelo cliente (o que estava impactado era a possibilidade de transacionar na plataforma). Isso também nos trouxe mais confiança tanto no *design system* da aplicação quanto nas corretas decisões sobre como pensamos em disponibilizar informações ao cliente – fora o correto uso dos monitoramentos proativos que decidimos fazer durante esse período de transição.

O pós-crise

Apesar das reclamações que recebemos através dos vários canais de comunicação e até a desistência de vários clientes em utilizar de vez nossa plataforma (abandono), após as crises que tivemos, e durante um período de *freezing*, tivemos a oportunidade de observar o comportamento do cliente no pós-crise em situação de normalidade e disponibilidade.

O que conseguimos perceber é que, para os clientes que se mantiveram na plataforma (grande maioria), a quantidade de requisições nem diminuiu nem aumentou comparativamente com outros dias de normalidade e disponibilidade (ex.: antes da crise).

Em nosso caso, pós-crise, observamos não só esse comportamento do cliente voltando à normalidade e acessando os serviços principais da mesma forma que fazia antes da crise, como também não houve necessidade de alterar os recursos dos *pods* (CPU e memória RAM) nem os *thresholds* para *autoscaling*, após analisar com mais tranquilidade tudo o que havia ocorrido em dias de crise.

Essa questão da indisponibilidade também fez com que aumentássemos o rigor nas nossas próprias implantações, mesmo que os nossos entregáveis não tenham sofrido ou não tenham sido a causa das crises. Como agora sabemos melhor o comportamento dos clientes em situações de crise, podemos prevenir situações parecidas em futuras implementações.

Uma coisa interessante que também observamos no pós-crise foi um comportamento atípico que ainda não havíamos observado com tanta atenção, mas que em momento de crise foi muito perceptível: a máxima de valor em segundos em uma das respostas de uma das requisições (das milhares que estavam sendo feitas no período).

A vantagem de ter essa informação no Grafana foi não só identificar uma situação atípica (uma resposta retornada em 6 segundos em vez da média esperada de 20 a 25 milissegundos), mas também entender melhor o comportamento em momento de *autoscaling* da aplicação.

Observamos também que um determinado *pod*, durante essa resposta de 6 segundos, não nos mostrou em seu *log* (por isso *logs* são importantíssimos) que houve qualquer falha. Observamos no *log* o "graceful shutdown" antes do *pod* ser terminado e entrar outro no lugar dele para manter a quantidade mínima de réplicas disponíveis.

Então observamos, através dessa simples informação (da requisição que levou 6 segundos no meio de todas as outras milhares de requisições), que nosso "readiness probe" estava falho, ou seja, não estávamos indicando corretamente que o *pod* estava "ready" no momento certo, causando uma situação de "throttling" na tentativa de chamada a esse serviço, que, para o "load balancer", já estava disponível para receber requisições, quando na verdade não estava.

A correta configuração do "readiness probe" fará com que sua aplicação fique disponível para receber requisições no momento correto, em vez de dar um falso positivo e fazer com que a latência aumente consideravelmente, trazendo a sensação de lentidão ao cliente que usa a plataforma.

Conclusão

Observabilidade não deve ser diminuída a uma questão de ferramentais, *logs* e números. Você é o responsável por usar essas informações preciosas para tomar a melhor decisão em relação a uma crise que você pode evitar e constantemente aprimorar a qualidade de seu código, bem como melhor alocar recursos para seus sistemas.

O que aprendemos com esse monitoramento proativo foi conseguir não só pegar problemas rapidamente a fim de resolvê-los antes de serem "sentidos" pelos clientes de forma mais crítica, como também entender o comportamento do cliente através do seu uso da plataforma.

Entender o comportamento dos clientes também pode ser uma oportunidade única para saber quais funcionalidades os clientes mais utilizam, seja por necessidade ou curiosidade. Assim sendo, a tecnologia consegue ter uma participação importante no negócio, ajudando na tomada de decisões para evolução da empresa.

Entender também o comportamento da aplicação em situações de crise e pós-crise é importante para identificarmos se os recursos estão devidamente configurados para a demanda e se o *autoscaling* também está devidamente configurado para conseguir escalar no momento certo e na medida certa conforme a demanda aumenta.

A observabilidade deve ser encarada como uma grande oportunidade para entender o comportamento de clientes, entregar software com maior qualidade e previsibilidade e melhorar processos internos.

26. Observabilidade em um projeto B2B

Rodrigo Gobbo
Jhonatas Alves de Souza

Desafio B2B

A rotina de Rodrigo, um SRE com 46 anos, foi transformada com a chegada de um desafiador projeto B2B. Sua jornada na empresa, já marcada por quatro anos de inovações e soluções em engenharia da confiabilidade de sistemas, estava prestes a embarcar em um novo capítulo. A complexidade de gerenciar *FinOps* estava alcançando seu ápice quando o convite para se juntar ao projeto emergiu como uma oportunidade de renovação.

Em outubro de 2022, recebi este grande desafio, como uma iniciativa que visava integrar 150 terceiros em um ecossistema empresarial que, até então, operava com um número significativamente menor de colaborações externas. O desafio era imenso, mas igualmente estimulante.

Integração de equipes

A primeira etapa do projeto envolveu uma série de reuniões e sessões de conhecimento compartilhadas com o time de plataforma. Foi nesse contexto que conheci o Jhonatas, um desenvolvedor de 28 anos cuja habilidade em programação já o destacava há mais de cinco anos no campo.

A sinergia entre as equipes de SRE e plataforma tornou-se o eixo central para o sucesso do projeto. Eles iniciaram um processo de integração, onde cada membro do time foi imerso nos detalhes da infraestrutura, do desenvolvimento, da segurança e das práticas de observabilidade da empresa.

Os primeiros passos práticos envolveram a configuração de acessos e a demonstração de ferramentas essenciais, como *pipelines* e sistemas de observabilidade.

Decisões estratégicas e adoção de tecnologias

A escolha da linguagem de programação foi um marco importante no projeto. A equipe estava inclinada a adotar Golang, conhecida por sua eficiência e leveza, características que se alinhavam bem com as exigências do projeto. No entanto, após uma análise cuidadosa do mercado e dos recursos disponíveis, a equipe reconheceu a vantagem estratégica de escolher Java com o *framework* Quarkus-Native, dada a maior disponibilidade de desenvolvedores proficientes nessa tecnologia e os benefícios comparáveis oferecidos pelo Quarkus-Native.

À medida que o projeto avançava, tornou-se evidente a importância crítica da padronização e da segurança nos *logs*, especialmente considerando o contexto de *open banking* com o qual a empresa lidava. A decisão de adotar o formato JSON para os *logs* foi um passo significativo para melhorar a capacidade de análise e a observabilidade do sistema, fundamentais para a detecção e resolução rápida de problemas.

No entanto, desafios inesperados surgiram, particularmente em torno da observabilidade. A equipe inicialmente considerou utilizar o Fornecedor 1, mas mudanças contratuais e necessidades específicas do projeto direcionaram a escolha para o Fornecedor 2, em combinação com o Java Quarkus-Native e o OpenTelemetry integrado ao Grafana. Essa transição revelou lacunas na coleta de métricas de *backend* que exigiram uma revisão rápida e criativa das estratégias adotadas.

Implementação e monitoramento da observabilidade

Iniciamos a implementação de *dashboards* de observabilidade para garantir uma visão detalhada do nosso ambiente de TI. O primeiro passo foi configurar um *dashboard* na aplicação do Fornecedor 2, destinado a oferecer ao time uma visão completa e em tempo real das métricas críticas de desempenho. Esse painel foi especificamente projetado para exibir métricas de CPU, memória e *throughput* das nossas aplicações *backend*, além de fornecer *insights* importantes sobre os *workloads* em Kubernetes, facilitando o monitoramento contínuo e a identificação rápida de potenciais gargalos ou ineficiências.

Em paralelo a essa iniciativa, empenhamo-nos na criação de *dashboards* em outra ferramenta de observabilidade, com foco especializado na infraestrutura *cloud*. Esses *dashboards* são meticulosamente configurados para monitorar componentes específicos da infraestrutura, incluindo bancos de dados, sistemas de *cache*, funções *serverless*, bem como tópicos e filas de mensageria.

Jhonatas e eu enfrentamos esses desafios, embarcando em uma jornada de experimentação e adaptação. A migração para a versão mais recente do Quarkus provou ser um divisor de águas, permitindo que a equipe superasse as barreiras de integração e estabelecesse um fluxo eficiente de métricas, *traces* e *logs*.

Para aprimorar a experiência dos desenvolvedores, implementamos uma abstração do serviço de mensageria com o objetivo de reduzir a carga cognitiva sobre eles. Essa abordagem simplificou o uso do serviço, permitindo que fosse acessado exclusivamente por meio de chamadas HTTP. Essencialmente, introduzimos um *API Gateway* para expor uma interface de programação de aplicativos (API) para o recebimento das mensagens. Em seguida, implementamos duas funções na nuvem: uma responsável por receber as mensagens do *API Gateway*, processá-las e encaminhá-las para o tópico, e o tópico distribuir as mensagens para suas filas correspondentes. A segunda função na nuvem foi configurada para realizar um *callback* para uma API remota. Dentro desse fluxo, foi introduzido nos *logs* de cada mensagem dentro da *cloud* um ID único da mensagem para que esta fosse rastreável tanto dentro do nosso sistema de mensageria quanto depois que saísse para os microsserviços. Todo esse fluxo era monitorado com apoio de alertas, construídos com bases de conhecimento para recuperação do ambiente.

Aprimoramento da comunicação e monitoramento de erros

Quando iniciamos o monitoramento ativo em nossa plataforma de observabilidade, detectamos uma quantidade significativa de códigos de *status* como 500, 400 e 300. Esses códigos indicavam uma gama de questões, desde erros internos do servidor até problemas de redirecionamento e solicitações mal formadas. O desafio tornou-se mais evidente ao percebermos que a plataforma de observabilidade não estava interpretando adequadamente os códigos de erro exportados pelo OpenTelemetry. Essa dificuldade originava-se do fato de que o agente de monitoramento que utilizávamos não possuía suporte otimizado para Java Quarkus-Native, criando um descompasso na interpretação dos dados.

Para resolver essa questão, tornou-se imperativo ajustar nossas configurações e, em alguns casos, o próprio código, para melhorar a compatibilidade e a comunicação entre o OpenTelemetry e a plataforma de observabilidade. Isso envolveu uma análise profunda dos mecanismos de exportação de dados do OpenTelemetry, além de uma revisão minuciosa nas configurações da plataforma, para assegurar que todos os códigos de erro fossem capturados e exibidos corretamente.

Além da interpretação correta dos códigos de erro, um aspecto crucial da nossa estratégia de observabilidade envolveu a criação de alertas eficazes para monitorar a infraestrutura *cloud* e os *backends*. Para a infraestrutura *cloud*, optamos por utilizar o Grafana, uma escolha que nos permitiu construir painéis intuitivos e configurar alertas personalizados baseados em métricas específicas de desempenho e saúde do sistema. Essa abordagem nos habilitou a reagir rapidamente a potenciais problemas de infraestrutura, como aumento no uso de CPU, consumo excessivo de memória ou insuficiência de espaço em disco. Configuramos o Grafana para nos enviar notificações imediatas em caso de qualquer anomalia, garantindo que a equipe de operações pudesse intervir prontamente, minimizando o tempo de inatividade e otimizando a performance geral da infraestrutura.

Para o *backend* e *workloads*, recorremos à plataforma de observabilidade padrão, que foi essencial para monitorar a saúde e o desempenho das nossas aplicações. Aqui, a ênfase estava em criar alertas que nos informassem sobre quaisquer condições anormais, como erros de execução, lentidão nas respostas ou falhas nos processos de *background*. Esses alertas foram configurados para capturar eventos críticos, assegurando que nossa equipe de desenvolvimento pudesse agir rapidamente para corrigir *bugs*, otimizar o código ou ajustar recursos conforme necessário. Essa abordagem proativa não só melhorou a resiliência e a estabilidade das nossas aplicações *backend*, mas também assegurou uma experiência de usuário mais consistente e confiável, alinhada com nossos objetivos de qualidade e desempenho.

O time de plataforma assumiu a responsabilidade de absorver a carga cognitiva associada à implementação das métricas, liberando os outros times, mais focados no desenvolvimento de projetos, para se concentrarem na qualidade e inovação de suas entregas. Com as métricas customizadas implementadas pelos desenvolvedores, tornou-se possível configurar uma gama diversificada de alertas, proporcionando ao sistema uma camada adicional de segurança e estabilidade. Isso não apenas fortaleceu a confiança dos gestores do projeto, como também culminou na criação de novos *dashboards* de monitoramento. Esses painéis permitiram uma visão mais clara e instantânea do desempenho dos microsserviços, garantindo uma tomada de decisão mais informada e ágil em todos os níveis da organização.

Conforme o projeto crescia, mais se tornava visível a padronização dos alertas e *runbooks*. Com isso, iniciamos uma semana de observabilidade onde os times envolvidos ajustaram todos os alertas das aplicações e seus *runbooks*, onde explicavam o que fazia a aplicação, onde ele fica na infraestrutura, quais *endpoints* eram utilizados, bancos de dados ou *caches* e as pessoas responsáveis a serem acionadas caso acontecesse um incidente crítico.

Após o *go live* do projeto, a equipe enfrentou um desafio inesperado: alguns pedidos realizados no aplicativo não estavam retornando ao ambiente para serem processados. Esse problema comprometia diretamente a funcionalidade e a eficácia do sistema recém-implementado.

Percebendo a seriedade do problema, uma equipe foi rapidamente mobilizada. Utilizando o Crashlytics, uma ferramenta de monitoramento e análise de erros, a equipe começou a investigar as causas do problema. A análise dos relatórios gerados pelo Crashlytics revelou que os pedidos com *payloads* maiores eram os que não conseguiam ser processados, indicando um possível gargalo no sistema.

Aprofundando a investigação, a equipe descobriu que o problema estava no *firewall*, que estava configurado de maneira a bloquear a entrada de pacotes de dados acima de um certo tamanho. Essa configuração era uma medida de segurança, mas acabou se tornando um obstáculo para o processamento dos pedidos.

Após avaliar as opções disponíveis, decidimos trocar o fornecedor de *firewall*, optando por um que oferecesse maior flexibilidade e capacidade para lidar com o volume e o tamanho dos dados processados pelo aplicativo.

Com o novo fornecedor, conseguimos configurar o *firewall* de forma a permitir o processamento seguro dos pedidos, independentemente do tamanho do *payload*. Essa mudança foi crítica para a estabilização do sistema e a garantia da funcionalidade plena do aplicativo pós-*go live*.

Testes de segurança e inteligência artificial na observabilidade

Outro incidente peculiar colocou à prova a eficácia da integração entre os times de segurança e plataforma e a robustez da ferramenta de observabilidade equipada com inteligência artificial. O time de segurança, executando uma rotina de teste de penetração (*pentest*) para avaliar a resiliência do sistema contra ataques, inadvertidamente desencadeou alarmes no time de plataforma. Foi observado um aumento exorbitante nas requisições a um serviço específico, o que foi inicialmente interpretado como um potencial sinal de invasão ou ataque *hacker*.

Contudo, a ferramenta de observabilidade, aprimorada com capacidades de *AiOps*, conseguiu analisar o padrão e o contexto das requisições, diferenciando entre atividades maliciosas e testes de segurança internos.

Com precisão, a inteligência artificial identificou que o tráfego elevado não correspondia a um padrão de ataque cibernético, mas a um teste interno de penetração que estava sendo conduzido pelo time de segurança. Ela mostrou que as ações eram internas e não representavam uma ameaça externa, evitando assim uma possível resposta inadequada.

O incidente serviu como um lembrete sobre a necessidade de alinhar estratégias e informar todos os envolvidos sobre atividades críticas que possam impactar a operação normal do sistema.

Além disso, o incidente reforçou o valor da inteligência artificial na observabilidade, demonstrando sua eficácia em fornecer análises contextuais que diferenciam entre diferentes tipos de atividades.

FinOps e otimização de custos com observabilidade

No âmbito do projeto, a prática da observabilidade foi estrategicamente utilizada para impulsionar as iniciativas de *FinOps*, com foco em otimizar e reduzir os custos de infraestrutura. A ferramenta do Fornecedor, integrada com capacidades de *AiOps*, desempenhou um papel central nesta abordagem.

A observabilidade, nesse contexto, foi além de monitorar a saúde e o desempenho dos sistemas, expandindo seu papel para incluir uma visão detalhada do consumo de recursos e dos custos associados. A análise de dados operacionais, enriquecida com a inteligência artificial da *AiOps*, permitiu à equipe identificar tendências, padrões e ineficiências no uso de recursos.

Utilizando os dados coletados e analisados pela ferramenta, a equipe pôde realizar uma análise granular dos gastos com infraestrutura, identificando áreas onde os custos poderiam ser reduzidos sem comprometer a performance ou a disponibilidade dos serviços.

27. Turbine seus *logs* utilizando *frameworks*

Rogério Castro Rodrigues
Felipe Santos

Logs são considerados um dos pilares da observabilidade, mas também um dos grandes vilões nos custos das ferramentas.

Por isso, trazer visões estruturadas que têm apoio em *frameworks* conhecidos e em boas práticas apoiam na padronização, organização e gestão dos custos.

Por isso, vamos falar um pouco mais de como é possível dar qualidade à gestão dos *logs* através dos *frameworks*.

Acesse o QR Code ou a URL para ouvir o podcast.

Figura 27.1. <https://open.spotify.com/episode/2awbfRQgBSEIULZokbJ15V?si=ec35652c88264862>

28. *Tracing* distribuído: rastreando transações em microsserviços

Roberto Alves
Felipe Santos

Quem nunca se viu perdido em uma sala de crise, sem saber por onde começar a investigação de um incidente crítico?

Considerar a inclusão de *traces* nos microsserviços é muito importante para gerar rastreabilidade sobre as requisições e assim garantir agilidade na identificação de falhas e desvios de comportamento, que poderão salvar o negócio de perdas financeiras relevantes, sem mencionar a perda de confiança e o impacto na imagem.

Aqui vamos conversar mais sobre este tema e sobre como podemos garantir uma observabilidade *end-to-end*.

Acesse o QR Code ou a URL para ouvir o podcast.

Figura 28.1. <https://open.spotify.com/episode/0CjoVtdsUnMAH2ij5zkGOI?si=c03ef67fff1b42f8>

29. *Postmortem*: aprendendo com os erros e com as falhas

Mario Valente
Andreia Aranha

Se olharmos para a trilha SRE, ITIL e outros possíveis modelos de gestão, nos arriscamos a dizer que está aqui um dos processos mais relevantes entre a gestão de incidentes e gestão de problemas. É através do *postmortem* que temos a história do incidente. Usando dados e fatos é possível entender o que aconteceu e trilhar o caminho para a análise de causa-raiz e assim direcionar corretamente a solução do problema.

Então como podemos aprender mais com nossas falhas?

Acesse o QR Code ou a URL para ouvir o podcast.

Figura 29.1. <https://open.spotify.com/episode/5yi2g5BLefU3VPKEuXZXfd?si=9c21184f6f3b46d1>

30. Desafio da observabilidade na infraestrutura com automação (MaaS) e relacionamento com negócio

Julio Velloso
William Lavieri

Como tornar a observabilidade um produto de entrega de valor, que atende ao negócio por meio de tecnologia e assim deixar de lado a visão de que monitoramento é coisa de TI?

Aqui vamos abordar algumas experiências sobre como tornar isso viável.

Acesse o QR Code ou a URL para ouvir o podcast.

Figura 30.1. <https://open.spotify.com/episode/687ywvLu5K5VJJesvc35o9?si=ee2b3e39a3414f13>

31. O lento é o novo parado! Quanto custa uma lentidão experimentada pelo usuário?

Richard Marques
William Lavieri

Eis um tema que assombra não apenas os times de tecnologia, mas produtos e negócio também. Afinal, para que tenhamos sistemas confiáveis estáveis e seguros, precisamos garantir a experiência do cliente. E lentidão definitivamente não combina com uma boa experiência.

Então, como podemos usar a observabilidade a favor da experiência do cliente, a fim de reduzir os tempos de espera do cliente ao usar nossos sistemas e aplicativos?

Acesse o QR Code ou a URL para ouvir o podcast.

Figura 31.1. <https://open.spotify.com/episode/1Mhq6tX4n5Ob7pIxhKTgti?si=585a9411c2754cfa>

32. *Self healing* e observabilidade na prática

Mario Muller
Tatiane Payá
William Lavieri

Quem nunca sonhou, ao ser acionado de madrugada pelo time de operações sobre uma alerta crítico, que esse mesmo alerta fosse automatizado a ponto de se resolver sozinho?

Então se prepare, pois esse sonho está mais fácil de se tornar realidade do que você imagina. A observabilidade e a automação, juntas, abrem caminhos para que os alertas sejam magicamente resolvidos. Aqui vamos falar um pouco mais sobre formas de tornar a mágica do *self healing* realidade.

Acesse o QR Code ou a URL para ouvir o podcast.

Figura 32.1. <https://open.spotify.com/episode/1bRhlqv44tfpvYm5z6KZa6?si=379365336c3042cc>

33. Observabilidade e o dia a dia do negócio: como o automobilismo pode nos trazer lições valiosas?

Anderson Oliveira
Tatiane Payá

Você sabia que um carro de Fórmula 1 tem em média 300 sensores espalhados pela sua aerodinâmica, gerando coletas de aproximadamente 1,1 milhão de pontos de dados por segundo?

E que esses sensores e dados irão aumentar consideravelmente para o ano de 2025?

Aqui vamos falar por que essas informações são tão importantes para a Fórmula 1 e quais as lições que podemos levar para ampliar a observabilidade do nosso negócio.

Acesse o QR Code ou a URL para ouvir o podcast.

Figura 33.1. <https://open.spotify.com/episode/19FVOTY0iUoyrXPSgN5M09?si=7bdfe1d39aab40ad>

34. Observações sobre a construção de um livro sobre observabilidade

Andreia Aranha
Antonio Muniz
Felipe Santos
Tatiane Payá
William Lavieri

Que tal embarcar conosco nas observações de como foi a nossa experiência para tornar esta obra real?

Acesse o QR Code ou a URL para ouvir o podcast.

Figura 34.1. <https://open.spotify.com/episode/7FUv6IiYQ99nHn1ucr87aK?si=6b9125a6f24343ba>

35. As mulheres na observabilidade

Ademar Junior – Host TechOps Talks
Adriano Atanes – Host TechOps Talks
Andreia Aranha – Convidada
Tatiane Payá – Convidada

Aqui está a prova de que podemos encontrar mulheres preparadas para falar sobre observabilidade no mundo da tecnologia.

E para além de todo conhecimento, aqui é um convite para inspirar mais mulheres a entrarem nesse incrível mundo da transformação e inovação.

Venha conosco, pois este episódio do TechOps Talks ficou incrível.

Agradecemos ao Ademar e ao Adriano pela oportunidade e parceria de unirmos esses dois grandes projetos: Jornada Colaborativa e TechOps Talks.

Acesse o QR Code ou a URL para ouvir o podcast.

Figura 35.1. <https://open.spotify.com/episode/3l2vW0exy2YTzEtM8mPrvH>

Referências

AGRAWAL, M.; KRISHNANNAIR, K. **Implementing Enterprise Observability for Success:** strategically plan and implement observability using real-life examples. Birmingham: Packt Publishing. Disponível em: <https://ieeexplore.ieee.org/document/10251139>. Acesso em: 04 jun. 2024.

ALECRIM, E. As TVs 3D estão finalmente mortas. **Tecnoblog**, Fev. 2017. Atualizado em maio 2024. Disponível em: <https://tecnoblog.net/noticias/tv-3d-ja-era/>. Acesso em: 04 jun. 2024.

ALGOLIA. **Cloud Native** meetup: observability & sustainability <https://www.algolia.com/blog/engineering/cloud-native-meetup-observability-sustainability/ > Acesso em: 04 jun. 2024.

ALMEIDA, B. Os 3 Pilares da Observabilidade em sistemas distribuídos. **Elven Works**, 16 abr. 2021. Disponível em: <https://elven.works/os-3-pilares-da-observabilidade-em-sistemas-distribuidos/>. Acesso em: 04 jun. 2024.

APDEX. **Application Performance Index – Apdex Technical Specification.** Version 1.1. Apdex Alliance, Jan. 22, 2007.

ARBUCKLE, L.; EL-EMAM, K. **Building an Anonymization Pipeline**: creating safe data. Sebastopol, CA: O'Reilly Media, 2020.

ASHLEY, M. Opening Up About OpenTelemetry. **Cloud Native Now**, Dec. 12, 2023. Disponível em: <https://cloudnativenow.com/topics/cloudnativedevelopment/kubecon-2023-opening-up-about-opentelemetry/>. Acesso em: 04 jun. 2024.

BASTERI, A. What Makes Observability a Priority: and why pricing and billing can be a barrier to achieving it. **New Relic**, White paper, Feb. 2023. Disponível em: <https://newrelic.com/sites/default/files/2023-02/new-relic-observability-priority-white-paper-2023-02-13.pdf>. Acesso em: 31 maio 2024.

BECK, K. et al. **Manifesto para Desenvolvimento Ágil de Software.** 2001. Disponível em: <https://agilemanifesto.org/iso/ptbr/manifesto.html>. Acesso em: 04 jun. 2024.

BERNSTEIN, S.; BERNSTEIN, R. **Schaum's outline of Theory and Problems of Elements of Statistics.** New York, NY: McGraw-Hill, 1999.

BEYER, B. (ed.); EWASCHUK, R. **Monitoring Distributes Systems.** Google, 2017. Disponível em: <https://sre.google/sre-book/monitoring-distributed-systems/>. Acesso em: 04 jun. 2024.

BEYER, B. et al. (eds.). **Site Reliability Engineering:** how Google runs production systems. Sebastopol, CA: O'Reilly Media, 2016.

BRASIL. **Lei Geral de Proteção de Dados Pessoais (LGPD).** Disponível em: <https://www.gov.br/esporte/pt-br/acesso-a-informacao/lgpd>. Acesso em: 04 jun. 2024.

BRASIL. **Lei nº 12.965, de 23 de abril de 2014.** Estabelece princípios, garantias, direitos e deveres para o uso da Internet no Brasil. Disponível em: <https://www.planalto.gov.br/CCIVIL_03/_Ato2011-2014/2014/Lei/L12965.htm>. Acesso em: 04 jun. 2024.

BRASIL. **Lei nº 13.709, de 14 de agosto de 2018.** Lei Geral de Proteção de Dados Pessoais (LGPD). Disponível em: <https://www.planalto.gov.br/ccivil_03/_ato2015-2018/2018/lei/l13709.htm>. Acesso em: 04 jun. 2024.

BURNS, J. The Importance of Resilience Testing and Observability. **The New Stack**, Apr. 20 2020. Disponível em: <https://thenewstack.io/the-importance-of-resilience-testing-and-observability/>. Acesso em: 04 jun. 2024.

BUSSAB, W. de O.; MORETTIN, P. A. **Estatística Básica.** 9.ed. São Paulo: Saraiva Uni, 2017.

BYRNE, P.; CHESSMAN, J. Innovation Insight for Observability. **Gartner**, Sep. 28, 2020. Disponível em: <https://www.gartner.com/en/documents/3991053>. Acesso em: 04 jun. 2024.

CARDEN, F.; JEDLICKA, R. P.; HENRY, R. **Telemetry Systems Engineering.** Boston, MA: Artech House, 2002.

CARTER, R. A lista definitiva de estatísticas de Big Data para 2024. **Findstack**, 06 set. 2022. Disponível em: <https://findstack.com.br/resources/big-data-statistics>. Acesso em: 04 jun. 2024.

CHUDLER, E. H. **Sensory Apparatus.** Brain Facts and Figures, Neuroscience for Kids. Updated June 3rd, 2024. Disponível em: <https://faculty.washington.edu/chudler/facts.html#sensory>. Acesso em: 04 jun. 2024.

CODEFRESH. **Software Deployment in 2024:** checklist, strategies & tips. 2024. Disponível em: <https://codefresh.io/learn/software-deployment/>. Acesso em: 04 jun. 2024.

DATA STONE. **5 Vs do Big Data:** saiba o que são e para que eles servem. 17 jul. 2023. Disponível em: <https://datastone.com.br/blog/2023/07/17/5-vs-do-big-data/>. Acesso em: 04 jun. 2024.

DRUCKER P. **O Gestor Eficaz.** (ed. rev., atual. e ampl.). Rio de Janeiro: LTC, 2007.

DRUCKER, P. **Desafios Gerenciais para o Século XXI.** São Paulo: Pioneira, 2000.

EGILMEZ, I. Monitoring vs. Observability: what's the difference? **The New Stack**, Nov. 18, 2020. Disponível em: <https://thenewstack.io/monitoring-vs-observability-whats-the-difference/>. Acesso em: 04 jun. 2024.

EVAL COMMUNITY. **Key Performance Indicators (KPIs) in Monitoring and Evaluation (M&E).** Disponível em: <https://www.evalcommunity.com/career-center/key-performance-indicators/>. Acesso em: 04 jun. 2024.

GARTNER. **Gartner Magic Quadrant for Application Performance Monitoring and Observability.** July 05, 2023. Disponível em: <https://www.gartner.com/en/documents/4500499>. Acesso em: 04 jun. 2024.

GARTNER. Site. Disponível em: <https://www.gartner.com.br/pt-br/sobre>. Acesso em: 31 maio 2024.

GEVME. **The 3 Pillars of Sustainability.** May 2nd, 2023. Disponível em: <https://www.gevme.com/en/blog/the-three-pillars-of-sustainability/>. Acesso em: 04 jun. 2024.

GOMEZ BLANCO, D. **Practical OpenTelemetry:** adopting open observability standards across your organization. New York, NY: Springer, 2023.

GOOGLE. **What is Site Reliability Engineering (SRE)?** Disponível em: <https://sre.google/>. Acesso em: 04 jun. 2024.

GREEN SOFTWARE FOUNDATION. **Observability across complex environments – meet Bertrand Martin, CEO of Sentry Software.** June 19, 2023. Disponível em: <https://greensoftware.foundation/articles/observability-across-complex-environments-meet-bertrand-martin-ceo-of-sentry-soft>. Acesso em: 04 jun. 2024.

GROLL, J. How to improve your observability systems. **TechBeacon**, s.d. Disponível em: <https://techbeacon.com/app-dev-testing/how-improve-your-it-observability-systems>. Acesso em: 04 jun. 2024.

GUPTA, P. 9 steps to implement in an observability strategy. **TechTarget**, June 08, 2022. Disponível em: <https://www.techtarget.com/searchapparchitecture/tip/5-basic-strategies-for-distributed-systems-observability>. Acesso em: 04 jun. 2024.

GUPTA, S. Implementing Observability in DevOps. **Scaler Topics**, June 1st, 2023. Disponível em: <https://www.scaler.com/topics/implementing-observability-in-devops/>. Acesso em: 04 jun. 2024.

HANDSCOMB, C.; HEYNING, C.; WOXHOLTH, J. Giants can dance: agile organizations in asset-heavy industries. **McKinsey & Company**, May 2, 2019. Disponível em: <https://www.mckinsey.com/industries/oil-and-gas/our-insights/giants-can-dance-agile-organizations-in-asset-heavy-industries>. Acesso em: 31 maio 2024.

HARVARD BUSINESS REVIEW. **Desafios da gestão:** uma introdução às mais influentes ideias da Harvard Business Review. (Coleção Harvard: 10 leituras essenciais) Rio de Janeiro: Sextante, 2018.

HIDALGO, A. **Implementing Service Level Objectives:** a practical guide to SLIs, SLOs & error budgets. Sebastopol, CA: O'Reilly Media, 2020.

IBM. What is observability? Disponível em: <https://www.ibm.com/cloud/learn/observability>. Acesso em: 04 jun. 2024.

KALMAN, R. E. On the general theory of control systems. *In*: International Conference on Automatic Control, 1., **Proceedings...** Moscow, USSR, 1960.

KIM, G. et al. **Manual de DevOps:** como obter agilidade, confiabilidade e segurança em organizações tecnológicas. São Paulo: Alta Books, 2018.

KIM, S. Data Discovery vs. Data Observability: understanding the differences for better DataOps. **Select Star**, May 25, 2023. Disponível em: <https://www.selectstar.com/blog/data-discovery-vs-data-observability-understanding-the-differences-for-better-dataops>. Acesso em: 04 jun. 2024.

LANE, R. The Forrester Wave™: intelligent application and service monitoring, Q2 2019. **Forrester**, Apr. 18, 2019. Disponível em: <https://www.forrester.com/report/The-Forrester-Wave-Intelligent-Application-And-Service-Monitoring-Q2-2019/RES144386>. Acesso em: 04 jun. 2024.

LARKIN, M. Why aren't developers rushing to use observability? **Deepfactor**, Apr. 2nd, 2021. Disponível em: <https://www.deepfactor.io/why-are-developers-not-rushing-to-use-observability>. Acesso em: 04 jun. 2024.

LARSON, R. **Estatística Aplicada:** retratando o mundo. 8.ed. Porto Alegre: Bookman, 2023.

LIVENS, J. What Is Distributed Tracing, and why is it important? **Dynatrace**, Aug. 11, 2023. Disponível em: <https://www.dynatrace.com/news/blog/what-is-distributed-tracing/>. Acesso em: 04 jun. 2024.

LIVENS, J. What is observability? Not just logs, metrics and traces. **Dynatrace**, Jan. 26, 2023. Updated May 10, 2024. Disponível em: <https://www.dynatrace.com/news/blog/what-is-observability-2/>. Acesso em: 04 jun. 2024.

MAJORS, C.; FONG-JONES, L.; MIRANDA, G. **Obervability Engineering:** achieving production excellence. Sebastopol, CA: O'Reilly, 2022.

MARTIN, T. Breaking Down Communication Barriers with Observability. **New Relic**, Sep. 25, 2020. Disponível em: <https://newrelic.com/blog/best-practices/breaking-down-communication-barriers-with-observability>. Acesso em: 04 jun. 2024.

MARTINS, M. O que são testes sintéticos e como eles geram vendas para comerciantes? **Tecmundo**, 20 dez. 2023. Disponível em: <https://www.tecmundo.com.br/mercado/275182-testes-sinteticos-eles-geram-vendas-comerciantes.htm>. Acesso em: 04 jun. 2024.

MICROSOFT. **Observability in cloud monitoring.** July 07, 2023. Disponível em: <https://learn.microsoft.com/en-us/azure/cloud-adoption-framework/manage/monitor/observability>. Acesso em: 04 jun. 2024.

MILLER, J. Simplify IT operations with observability and AIOps. **CIO**, Mar. 11, 2024. Disponível em: <https://www.cio.com/article/1312919/simplify-it-operations-with-observability-and-aiops-2.html>. Acesso em: 04 jun. 2024.

NEW RELIC. **Best Practices.** Disponível em: <https://newrelic.com/blog/best-practices/>. Acesso em: 04 jun. 2024.

NEW RELIC. **Reducing MTTR the Right Way:** best practices for fast incident resolution. White paper. 2020. Disponível em: <https://newrelic.com/sites/default/files/content/dam/new-relic/resources/white-papers/reducing-MTTR-the-right-way.pdf>. Acesso em: 04 jun. 2024.

O'CONNOR, G. (ed.); LUNNEY, J.; LEDER, S. **Postmortem Culture:** learning from failure. Google, 2017. Disponível em: <https://sre.google/sre-book/postmortem-culture/>. Acesso em: 04 jun. 2024.

OBJECTIVE. **A importância da Observabilidade e do DevOps no sucesso das empresas modernas.** 10 nov. 2023. Disponível em: <https://www.objective.com.br/insights/observabilidade/>. Acesso em: 04 jun. 2024.

OBJECTIVE. Cultura DevOps #12 Observabilidade. **YouTube**, 20 jun. 2023. Disponível em: <https://www.youtube.com/watch?v=Sbx7Fiov3Sg>. Acesso em: 04 jun. 2024.

OPENTELEMETRY. **OpenTelemetry mission, vision, and values.** Disponível em: <https://opentelemetry.io/community/mission/>. Acesso em: 03 jun. 2024.

OPUS SOFTWARE. **Observabilidade e Monitoramento:** prevenção de desastres que impactam os negócios. 22 set. 2023. Disponível em: <https://www.opus-software.com.br/insights/observabilidade-e-monitoramento/> Acesso em: 04 jun. 2024.

ORACLE. **O que é Big Data?** Disponível em: <https://www.oracle.com/br/big-data/what-is-big-data/>. Acesso em: 04 jun. 2024.

PADMANABHAN, I. How to Use Test Observability to Improve Test Orchestration and Coordination. **Lambdatest**, July 5, 2023. Disponível em: <https://www.lambdatest.com/blog/how-to-use-test-observability-to-improve-test-orchestration/>. Acesso em: 04 jun. 2024.

PARKER, A. Observability at the Edge with OpenTelemetry. **Cloud Native Now**, Sep. 16, 2021. Disponível em: <https://cloudnativenow.com/features/observability-at-the-edge-with-opentelemetry/>. Acesso em: 04 jun. 2024.

PERRI, L. Monetizing Observable Data Will Separate the Winners and Losers. **Gartner**, Nov. 04, 2022. Disponível em: <https://www.gartner.com/en/articles/monetizing-observable-data-will-separate-the-winners-and-losers>. Acesso em: 04 jun. 2024.

PRODUTO REATIVO. **Bootcamp.** Disponível em: <https://produtoreativo.com.br/bootcamp/>. Acesso em: 31 maio 2024.

REHKOPF, M. Kanban vs. Scrum: que tipo de ágil é você? **Atlassian**, s.d. <https://www.atlassian.com/br/agile/kanban/kanban-vs-scrum>. Acesso em: 04 jun. 2024.

ROA, Y. N. **Observability is also programmed.** Palestra proferida no InfoQ, ago. 2022. Disponível em: <https://www.infoq.com/presentations/oac-adoption/>. Acesso em: 04 jun. 2024.

ROCHA, A. 8 dicas de como implementar uma boa estratégia de observabilidade. **OP Services**, 02 dez. 2022. Disponível em: <https://www.opservices.com.br/como-implementar-uma-boa-estrategia-de-observabilidade/>. Acesso em: 04 jun. 2024.

SILVA, P. P. Observabilidade 101 – Entendendo o que acontece no seu sistema. **Dev**, 09 maio 2023. Disponível em: <https://dev.to/pedropms/observabilidade-101-entendendo-o-que-acontece-no-seu-sistema-23hg>. Acesso em: 04 jun. 2024.

SRIDHARAN, C. **Distributed Systems Observability:** a guide to building robust systems. Sebastopol, CA: O'Reilly Media, 2018.

STATE OF AGILE. **State of Agile Report.** 2022. Disponível em: <https://info.digital.ai/rs/981-LQX-968/images/AR-SA-2022-16th-Annual-State-Of-Agile-Report.pdf>. Acesso em: 03 jun. 2024.

SUTHERLAND, J.; SCHWABER, K. **Guia do Scrum:** um guia definitivo para o Scrum: as regras do jogo. Jul. 2013. Disponível em: <https://scrumguides.org/docs/scrumguide/v1/Scrum-Guide-Portuguese-BR.pdf>. Acesso em: 04 jun. 2024.

SYSMAP. **O que são testes sintéticos?** Disponível em: <https://content.sysmap.com.br/testes-sinteticos>. Acesso em: 04 jun. 2024.

TJDFT. **Marco Civil da Internet.** 2016. Disponível em: <https://www.tjdft.jus.br/institucional/imprensa/campanhas-e-produtos/direito-facil/edicao-semanal/marco-civil-da-internet>. Acesso em: 04 jun. 2024.

WANSART, E. et al. MSTG: A Flexible and Scalable Microservices Infrastructure Generator. **arXiv:2404.13665.** Apr. 21, 2024.

WIKIPÉDIA. **Big data.** Disponível em: <https://pt.wikipedia.org/wiki/Big_data>. Acesso em: 04 jun. 2024.

WIKIPEDIA. **Observability.** Disponível em: <https://en.wikipedia.org/wiki/Observability>. Acesso em: 04 jun. 2024.

WIKIPÉDIA. **Rudolf E. Kálmán.** Disponível em: <https://en.wikipedia.org/wiki/Rudolf_E._K%C3%A1lm%C3%A1n>. Acesso em: 04 jun. 2024.

WINCHESTER. 10 Ways Observability will Benefit your Organisation & How Does it Differ to Monitoring. **Somerford Blog**, Sep. 21, 2022. Disponível em: <https://www.somerfordassociates.com/blog/10-ways-observability-will-benefit-your-organisation/>. Acesso em: 04 jun. 2024.

WORLD ECONOMIC FORUM. **The Future of Growth Report 2024.** Insight Report. Jan. 2024. Disponível em: <https://www3.weforum.org/docs/WEF_Future_of_Growth_Report_2024.pdf>. Acesso em: 04 jun. 2024.

ZHAN, L. et al. A framework for monitoring and measuring a large-scale distributed system in real time. *In*: HotPlanet '13: ACM workshop on HotPlanet, 5., **Proceedings...** Aug. 2013, p. 21-26. Disponível em: <https://dl.acm.org/doi/10.1145/2491159.2491166>. Acesso em: 04 jun. 2024.

Dedicatória e agradecimentos

Juntos somos mais inteligentes
Dedico mais um livro aos amores da minha vida: meus filhos Lucas e Luisa, minha esposa Keila, meus pais Iracema e José Prado e meus irmãos Simone, Paulo e Sandra. Agradeço a Deus por essa nova conquista e parabenizo o time organizador pelo comprometimento na curadoria e aos coautores pela dedicação e excelência que resultou em mais uma obra incrível para nossa série da Jornada Colaborativa. Agradecimento especial para Tatiane Payá, Willian Lavieri, Felipe Santos e Andreia Aranha pela maestria na curadoria. Agradecimento especial também para Simone Lúcia Justinio, Camila Vieira e Rodrigo Bocci pelo forte apoio da Delfia para o sucesso do livro. Agradeço a meus familiares e amigos pelas oportunidades de aprendizado e aos milhares de alunos, clientes, leitores e participantes das minhas palestras pela grande receptividade e troca de experiências que me tornam uma pessoa melhor a cada dia.

Antonio Muniz
Fundador da Jornada Colaborativa

Observando um sonho
Esta obra é sobre isso, sobre o poder de transformar a observação dos sonhos em realidade e assim materializar, através de histórias reais, como lidamos com a observabilidade no Brasil.

Nosso objetivo é espalhar sementes e democratizar o conhecimento, a fim de unir tecnologia e negócio em um único propósito, o cliente final.

Agradeço a todos que me apoiaram ao longo dessa jornada, principalmente:

- ✓ Meus pais, Maria e Francisco, que desde sempre foram meus grandes incentivadores na vida.

- ✓ Meu parceiro de vida, Anderson Carvalho, que vive cada sonho ao meu lado.
- ✓ Meus filhos, Luiz Felipe, Vitor (*in memoriam*) e Mariana, que me ensinam diariamente a ser um ser humano mais humano.
- ✓ Minha rede de apoio, Nena Oliveira e Vitória Oliveira, que me apoiam na jornada de ser mãe, mulher e profissional.

Afinal, com 25 anos de carreira em tecnologia, posso afirmar que ter aliadas faz toda diferença (**#aliadastech**).

Agradeço também à primeira pessoa que me incentivou a sonhar esse sonho, Fabio Trentini (Trentas), e a Antonio Muniz, que abraçou e acolheu o sonho na oportunidade de fazer as páginas deste livro.

Fico imensamente honrada pelas parcerias formadas para realização deste projeto, meus colegas de curadoria e organização: William, Felipe e Andreia e não menos importante as pessoas coautoras que aqui estão. Sem vocês e suas experiências nada disso seria possível.

E assim como fui abraçada e acolhida em meu sonho, desejo que a leitura deste livro contribua com sua jornada e experiência no ato de observar. Boa leitura!

Tatiane Payá (@tatypaya)
Líder Sênior em Tecnologia, Conselheira, Mentora, Palestrante, Escritora, Liderança Feminina, Especialista em PSE, SRE, *DevOps*, Observabilidade, *Cloud*, Governança de TI e Transformação Digital, Mãe de Pilotos. Coautora do livro "Jornada SRE no Brasil". Idealizadora, Curadora e Coautora da "Jornada da Observabilidade". Idealizadora das @asresenhasdataty. Fundadora da TPResults e Sócia na @dragster_jr.

Democratizando a observabilidade
Meu primeiro contato com observabilidade ocorreu em meados de 2004, durante meu início de carreira como consultor de sistemas operacionais Linux, quando precisava construir visões de monitoramento abrangendo a saúde e o desempenho de servidores e elementos de redes. Era uma construção rudimentar e muito penosa, que exigia vasculhar diversas bases de informação (MIB – *Management Information Bases*), utilizando protocolo SNMP (*Simple Network Management Protocol)*, com o objetivo de encontrar métricas (OID – *Object Identifier*) que permitissem sua leitura e projeção gráfica com a ferramenta MRTG (*Multi Router Traffic Grapher*), para finalmente conseguir disparar alertas por e-mail, quando algum limite (*threshold*) fosse

atingido. Foram anos difíceis, mas que trouxeram muito aprendizado, permitindo desenvolver uma mentalidade orientada a dados e uma busca obstinada por medir, controlar e determinar o comportamento de sistemas em ambientes de missão crítica.

Passaram-se 20 anos e felizmente muitas coisas evoluíram, facilitando e impulsionando a adoção de observabilidade para sistemas. No início dessa evolução tudo era classificado apenas como monitoramento, e não observabilidade, pois esse conceito ganhou notoriedade no Brasil somente em meados de 2015, com o advento da engenharia de confiabilidade promovido pelas práticas SRE do Google e a popularização das modernas ferramentas de APM (*Application Performance Monitor*). Acredito que este livro, "Jornada da Observabilidade", contribui fortemente para essa evolução, abordando diversas formas de orientar a observabilidade como uma disciplina transversal, permitindo que todos os profissionais e diversas dimensões de tecnologia e negócios compreendam sua aplicabilidade, seus benefícios e suas oportunidades.

Ressalto o privilégio de cocriar com meus colegas coautores e curadores nesta jornada colaborativa e gostaria de agradecê-los por sua contribuição, generosidade e compromisso de produzir um conteúdo rico, acessível e diverso para tribos de tecnologia e negócios. Agradecimento especial à minha esposa, Juliana Agapito, que me apoia incondicionalmente em iniciativas que buscam impactar positivamente pessoas e negócios, e ao meu pai, Carlos Antônio de Souza (*in memoriam*), a quem dedico este trabalho como fonte de inspiração.

Espero que você aproveite ao máximo os conhecimentos e as experiências compartilhadas neste livro, e que possa inspirá-lo a também contribuir nessa Jornada Colaborativa. Deixo meu convite para sua participação na próxima edição, afinal, **#JuntosSomosMaisFortes**.

William Lavieri (@wlavieri)
Coautor e curador da jornada colaborativa nas edições "Jornada SRE no Brasil" e "Jornada da Observabilidade". Palestrante, entusiasta SRE e especialista em transformação digital. Executivo Regional de Operações de TI no grupo Santander.

***Mindset* de evolução – observabilidade e monitoramento.**
A experiência vivida nestas páginas demonstra exatamente essa mentalidade de observar e monitorar, seguir em evolução junto de pessoas otimistas e confiantes, que acreditam que nada é tão bom que não possa melhorar.

Que todas as páginas deste livro sejam *insights* para influenciar e potencializar a carreira e a vida de todos os leitores. E que esta leitura seja uma excelente experiência a ser compartilhada com amigos e familiares e todos os conhecidos.

Dedico minha participação neste projeto ao meu marido Marcelo, pela compreensão, pelo apoio, pelo carinho e pelos incentivos, aos meus filhos Nathalia, Catharina e Gustavo, que são minhas fontes de amor e motivos da minha caminhada. À minha mãe e guerreira, que foi fonte da minha fortaleza ao longo da minha jornada de vida. À Tatiane Payá, agradeço pelo convite e pela liderança do livro. E pela oportunidade de contribuir e aprender com todos que fizeram parte deste projeto.

Andreia R. Aranha Ribeiro (@deiaaranha)
Coautora da Jornada Colaborativa no livro "Jornada SRE no Brasil" e coautora e curadora da "Jornada da Observabilidade". *Coach* e Mentora, Palestrante, entusiasta SRE. Gerente de Gestão de Serviços de TI na empresa Cielo.

Infraestrutura e observabilidade: pilares da evolução
Primeiramente, sou grato a Deus e à minha família, que sempre me apoiaram incondicionalmente. Agradeço especialmente à minha esposa pelo apoio constante, pela compreensão e pelo carinho em todas as etapas deste projeto. Dedico este trabalho a todos que colaboraram com dedicação na criação deste livro. Cada pequena contribuição foi essencial para a realização deste guia.

Um agradecimento especial a Antonio Muniz, por me dar a honra de participar da equipe de liderança e permitir que eu contribuísse com minha expertise na revisão dos capítulos relacionados à infraestrutura. Espero que este livro, "Jornada da Observabilidade", enriqueça todos que buscam aprofundar seus conhecimentos na área de observabilidade, oferecendo ideias e conceitos úteis para o dia a dia.

Felipe Santos dos Santos
Curador da Jornada Colaborativa nas edições "Jornada Cloud Native" e "Jornada da Observabilidade". Palestrante e mentor de carreira em TI. Especialista SRE/*DevOps*.

Sobre os autores

Ademar Junior. É um estrategista em observabilidade e tecnologia com vasta experiência em TI, incluindo infraestrutura, operações e projetos. Ele gerencia ambientes críticos e complexos, especialmente no setor financeiro, com uma liderança humanizada, focada no desenvolvimento de equipes multidisciplinares e na promoção de uma cultura colaborativa. Atuou em grandes empresas, como Santander, IBM e Oracle, implementando práticas de observabilidade e SRE, resultando em melhorias significativas na estabilidade e disponibilidade dos sistemas. Ademar possui experiência na criação e otimização de processos, monitoramento, automação e análise de dados, sempre com o objetivo de alavancar negócios e transformar operações. Valoriza o aprendizado contínuo e a inovação, acredita que a tecnologia, pessoas e produtos são essenciais para o sucesso. Sua missão é garantir que as iniciativas de TI estejam alinhadas com as necessidades do negócio, proporcionando resultados eficientes e impactantes. <https://www.linkedin.com/in/ademargrjr/>

Adriano Atanes. Com mais de 15 anos de experiência na área de TI, é um gestor estratégico apaixonado por soluções inovadoras para resolver problemas de negócios. Especialista em estruturar estratégias de observabilidade que impulsionam negócios e identificam problemas de forma proativa, abrangendo jornadas de clientes, vendas e a equipe SRE. Sua trajetória inclui liderança em projetos de TI de grande escala, gestão de equipes e estruturação de novas áreas nos segmentos financeiro, seguros e consultoria. Atuou como Desenvolvedor .NET, Analista Funcional, PO, *Scrum Master*, RTE, Gerente de TI e SRE, sempre promovendo inovação e excelência. Reconhecido como uma das principais vozes em Operações de TI no LinkedIn, compartilha *insights* sobre SRE, observabilidade e IA. Cofundador do *podcast* TechOps Talks, autor da *newsletter* "Ops Insights" e cocriador do livro *Jornada da Observabilidade*, uma iniciativa da Jornada Colaborativa. <https://www.linkedin.com/in/adrianoatanes/>

Alessandro Silva. Além de ser Gerente de TI do time de *DevOps* na RD, atua como professor universitário nos cursos de Graduação, Pós-Graduação e MBA na Universidade Presbiteriana Mackenzie, Faculdade Impacta Tecnologia e nos cursos de SRE, *DevOps* e *DevSecOps* da Quode Project. <https://www.linkedin.com/in/alessandrojssilva/>

Ana Carla Cavalcante. Mulher, baiana-cearense, esposa de Fred e mãe de dois guris (Dante e Bento), apaixonada por tecnologia e pessoas, mestre em IA e *Data Science*. Participa de algumas comunidades: DevOpsDays Fortaleza, Pyladies Fortaleza, Strides e Elas Projetam. Acredita que mais mulheres em tecnologia é um movimento possível. Realiza algumas mentorias de apoio, como, por exemplo, PMI Mulher Ceará, e realiza algumas palestras em eventos e universidades. Lidera times de tecnologia há alguns anos e está iniciando o processo como escritora. Vive num movimento de aprender compartilhando, sempre acreditando que ainda se tem muito a aprender com o outro. <https://www.linkedin.com/in/anacarlacavalcante/>

Anderson Oliveira. Empresário | Mentor | Palestrante | Escritor | Especialista em Tecnologia, Telemetria e Performance no Automobilismo | Chefe de equipe na @ dragster_jr | Pai de Piloto e PilotA.
<https://www.linkedin.com/in/anderson-oliveira-de-carvalho-731a85107/>

Andreia Aranha. Formada em Sistemas da Informação e MBA em Gestão de negócios com extensão internacional e formação de *Coaching*/Mentora. Atua na área de TI há mais de 28 anos, Gestão de Serviços de TI, Engenharia da Confiabilidade (SRE) e Arquitetura de Soluções. <https://www.linkedin.com/in/andreia-aranha/>

Antonio Muniz. CEO e Fundador da Advisor 10X | Curador e Moderador de Eventos | Palestrante e Coordenador de MBAs | Fundador da Jornada Colaborativa | Autor e Curador de 30 livros sobre tecnologia, agilidade, *DevOps*, SRE, liderança, inovação | *Advisor* e *Board Member* | Mentor Carreira 10X. Colaborou com mais de 30 mil pessoas e mais de 100 times em consultorias, mentorias, cursos de MBA, *bootcamps*, videoaulas, *workshops* e palestras em empresas líderes de mercado, como SulAmérica, Petrobras, Vivo, Itaú, Oi, Furnas, Eletrobras, Energisa, Via Varejo, DHL, Accenture, Icatu, Banco do Brasil, Banco Safra, Banco PAN, Citibank, Ernst & Young, Finep, Sebrae, UOL, Pagseguro, Makro, Totvs, Jucesp, Ambev Tech, Dafiti, Meta, Banco Carrefour, Prudential etc. Como fundador e *headhunter* da Jornada Colaborativa, formou novas lideranças, com R$ 502 mil doados para instituições com o lançamento de 31 livros e eventos com empresas amigas. Sua formação tem uma base multidisciplinar em negócios, tecnologia e liderança, com mestrado em administração no Ibmec, MBA em telecomunicações na FGV, graduação em tecnologia na Unigranrio e certificações em agilidade, Lean tecnologia, projetos, processos e serviços.
<https://www.linkedin.com/in/antoniomunizoficial/>

Bruno Budin Daniel. Gestor de *tech* com 18 anos de experiência. Sua trajetória abrange áreas como *command center*, operação de *mainframes*, *data centers* e, mais recentemente, observabilidade e otimização financeira (*FinOps*). Apaixonado por entender detalhes intrínsecos de cada situação e traduzi-los em *insights* acionáveis, tornou-se um profissional com conhecimento prático e resultados diferenciados para os negócios e para o desenvolvimento de pessoas.
<https://www.linkedin.com/in/bruno-budin-daniel-1bb77740>

Chee Lai. Chee Lai, profissional com experiência em TI, com mais de 20 anos de vivência em diversas empresas de setores variados como varejo, indústrias, bancário etc. Foco em liderança técnica e gestão de times de alta performance.
<https://www.linkedin.com/in/chee-lai-7448864/>

Claudia Marquesani. CIO, palestrante, mestre e professora universitária, profissional com mais de 27 anos de experiência em Tecnologia da Informação em grandes empresas e multinacionais de diversos segmentos, tais como AmBev, IBM, Sodexo, LDC, Santander e Petz. Vencedora de prêmios nacionais e globais de liderança em Tecnologia nos anos de 2016-2017-2018-2019-2022-2023-2024. Atualmente é líder da área de Tecnologia da Copa Energia. É graduada em Administração e Processos Gerenciais, pós-graduada em Finanças com Ênfase em Controladoria e mestre em Gestão da Competitividade na linha de Tecnologia da Informação, todos pela Fundação Getúlio Vargas. Cursa atualmente doutorado em finanças e controladoria empresarial com foco em tecnologia pelo Mackenzie. Foi coautora em livros sobre liderança feminina na tecnologia e processos de negócio ESM, lançados entre 2022 e 2023. Palestrou em eventos de relevância nacionais e internacionais, tais como MBA Brasil, em Harvard, discorrendo a respeito da transformação digital no cenário econômico brasileiro; esteve no palco principal do E-commerce Brasil apresentando casos de uso de inteligência artificial em empresas do varejo; na palestra de abertura do Big Data Brasil abordando o tema inteligência artificial e relacionamento com dados; e finalmente no TEDx Campinas, mostrando a força da mulher e a relação com sua participação no mercado de trabalho. <https://www.linkedin.com/in/cmarquesani/>

Etianne Torres Chan. Executiva de TI com mais de 28 anos de experiência em liderança estratégica e operacional, reconhecida pela gestão de projetos complexos e pela condução da transformação digital em grandes corporações. Autoridade no setor de Tecnologia da Informação, destaca-se pela abordagem centrada no cliente. Defensora ativa da diversidade e inclusão, acumula mais de 12 anos como professora. Coautora de três livros e palestrante. Mestre em Controladoria e Finanças e Tecnologias de Gestão, cursou Mestrado em Ciência da Computação e pós-graduação em Redes de Computadores e MBA em Gestão Empresarial, além de graduada em Administração de Empresas e Comércio Exterior. <https://www.linkedin.com/in/etiannetorres>

Everton Juniti Ogura. Marido da Isabel, formado em Sistemas de Informação pela Faenac (hoje Universidade Anhanguera) e MBA em Gestão de TI pela FGV. Possui seis extensões em liderança e negócios e três especializações pela Harvard Business School Online. Trabalha com TI há mais de 20 anos, com vasta experiência em engenharia de software, sempre com muito *hands-on*. Atualmente é Gerente de Engenharia de TI. Vejo na observabilidade um meio de trazer valor ao negócio através de métricas daquilo que podemos e devemos controlar como engenharia de software, com o objetivo de trazer real impacto para os *outcomes* do negócio. Paralelo a tudo isso, é um apaixonado pelo tema de astronomia, tendo seis extensões e uma pós-graduação em Astronomia com ênfase em Planetologia.
<https://www.linkedin.com/in/everton-juniti-ogura-93a12922>

Fabio Wakim Trentini. Com 28 anos de experiência, tem se dedicado intensamente à criação de produtos digitais e ao trabalho com engenharia de software, com um foco especial na observabilidade em sistemas distribuídos e de missão crítica. Ocupando posições de destaque em empresas importantes tanto no Brasil quanto no exterior, adquiriu um vasto conhecimento como executivo de tecnologia. Sua expertise abrange não apenas o lado técnico, mas também o planejamento estratégico. Acredita que a observabilidade é essencial para a melhoria contínua dos processos de engenharia, permitindo monitoramento e análise em tempo real, o que é crucial para a confiabilidade e performance de sistemas complexos. Com essa visão, contribui para o crescimento das empresas, desempenhando um papel fundamental em sua estratégia global. <https://www.linkedin.com/in/trentas/>

Felipe Chicralla. É formado em Engenharia Química com mestrado em Modelagem e Otimização de Processos, porém encontrou sua verdadeira paixão na Tecnologia. Já trabalhou em times de Infraestrutura, Desenvolvimento e Operações, sempre com o foco em melhoria de processos, usando tanto ferramentas de processo quanto desenvolvimento de automações e software. Seguidor fiel do conceito de que "o que não é medido não é gerenciado" e, portanto, um grande promotor da cultura de observabilidade em processos, ferramentas e desenvolvimento de software.
<https://www.linkedin.com/in/felipe-chicralla-2b784b7a>

Felipe Santos. Especialista em SRE/*DevOps* com uma trajetória sólida em inovação e melhoria contínua. Com expertise em infraestrutura, desenvolvimento de software e arquitetura de soluções em nuvem, otimiza infraestruturas e arquiteturas de software para alta performance, segurança e automação. Tem profundo conhecimento em Kubernetes, CI/CD e observabilidade em plataformas como AWS, GCP e Azure. Sua experiência lhe permite liderar equipes ágeis e promover uma cultura *DevOps* forte,

focando na excelência técnica e na colaboração. Ativo na comunidade tecnológica, é palestrante e coordenador na Cloudup, além de líder e coautor dos livros "Jornada Cloud Native" e "Jornada da Observabilidade".
<https://www.linkedin.com/in/felipesantos-sre/>

Inaray Sales. Mãe de dois meninos e dois gatos PCDs, é especialista em Estratégia de Tecnologia com certificação Expert em ITIL® e um MBA em Arquitetura de Infraestrutura, pela FIAP. Com uma paixão genuína por pessoas, Inaray fundou o UNIDOS, um grupo de estratégia de carreira dedicado a apoiar pessoas de baixa renda. Como mentora de executivos e especialista em liderança inclusiva, ela liderou equipes críticas de grandes empresas, impulsionando a inovação e a excelência organizacional. *Top Voice* de Operações e Gestão de pessoas no LinkedIn, tem um *blog* onde escreve diariamente sobre tecnologia, diversidade e inovação.
<https://www.linkedin.com/in/inaraysales/>

Jhonatas Alves de Souza. Nasceu em 23 de dezembro de 1995 em Belo Horizonte, onde ainda reside. Engenheiro de software sênior formado em Ciência da Computação. Apaixonado por tecnologia e inovação, Jhonatas se orgulha de sua carreira, tendo atuado em diversas áreas ao longo de sua vida. Nos momentos de lazer, valoriza passar tempo com a família, pais, esposa e amigos. Uma de suas maiores aspirações é finalizar a construção de sua casa e, posteriormente, explorar vários lugares ao redor do mundo. Inspirado pela célebre frase de Alan Turing ("Eu acredito que às vezes as pessoas que ninguém espera nada que fazem as coisas que ninguém consegue imaginar"), Jhonatas busca constantemente superar expectativas e conquistar novos horizontes. <https://www.linkedin.com/in/jhonatas-alves-79012115b/>

Jose Carvalho (Joca). Profissional com mais de 25 anos de experiência na área de Tecnologia da Informação no setor bancário em multinacionais de grande porte. Sólida experiência em gestão de projetos e operações de tecnologia no mercado financeiro.
<https://www.linkedin.com/in/joca-/>

Julio Velloso. Começou a carreira em 1992 como analista de infraestrutura e atualmente foi designado como especialista em *Cloud DevOps*/SRE para lidar com problemas de infraestrutura Openshift, Jenkins e CICD no ambiente de nuvem. Está usando o Jira como software para criar fluxos de trabalho e gerenciar problemas. Tem trabalhado para várias equipes com projetos diferentes, ganhando experiência com variadas tecnologias, principalmente relacionadas a projetos de monitoramento, manutenção de infraestrutura e soluções de tecnologia e negócios. Também tem um bom espírito de equipe. <https://www.linkedin.com/in/julio-velloso/>

Karin Recchi. Mais de 20 anos na área de tecnologia, sempre em busca da inovação e evolução das organizações. Especialista nos processos ITSM, evangelista e engajadora referente à prática de SRE (*Site Reliability Engineering*). Coautora do livro "Jornada SRE no Brasil" (cap. 13). Fundadora do grupo Power SRE Girls (LinkedIn). Na luta por mais mulheres na área de Tecnologia.
<https://www.linkedin.com/in/karin-patroc%C3%ADnio-recchi-754b9b23/>

Lucas Lima. *Geek* entusiasta de cinema clichê, quadrinhos, animes, mangás e frequentador de academia quando bate a motivação. Um cara de família dedicado, com mais de uma década de experiência em gerenciamento de operações e ambientes de TI de alta complexidade. Com experiência desde pequenas *startups* a grandes corporações, tem consistentemente ajudado a resolver todos os tipos de problemas e entrega resultados excelentes enquanto equilibra suas paixões *cringe* e bons momentos com a família. <https://www.linkedin.com/in/lucas-o-lima-lol/>

Luiz Renato Mazza. Profissional da área de tecnologia, com mais de 20 anos de atuação em diversas indústrias e tecnologias. Formado em Tecnologia da Informação e com MBA em Análise de Dados e *Machine Learning*, tem se especializado na área financeira, com foco em arquitetura, prevenção a fraudes, meios de pagamento, crédito e recuperação. <https://www.linkedin.com/in/luiz-renato-mazza/>

Mario Muller. Entusiasta de tecnologia, trabalha com TI há mais de 25 anos. Atualmente lidera a prática de *High Available Solutions* da Accenture, atuando em diversos projetos de transformação digital. Formado em Sistemas de Informação com especialização em Orientação a Objetos e Modelos Operacionais de TI com foco em Resiliência. Além disso, possui diferentes certificações técnicas nas áreas de arquitetura, *cloud* e desenvolvimento de sistemas. <https://www.linkedin.com/in/mmullerbr/>

Mario Valente. Formado como Analista e Desenvolvedor de Sistemas, começou a carreira como desenvolvedor de jogos. Depois migrou para QA e hoje está atuando como *Site Reliability Engineer* (SRE) e na Tecnologia faz quatro anos. Durante esse tempo, tem trabalhado com algumas das principais ferramentas do mercado e com aplicações de alta criticidade. É reconhecido por sua abordagem proativa na resolução de problemas complexos de infraestrutura, implementando soluções que aprimoram a confiabilidade, performance e escalabilidade dos serviços. Hoje atua em diversos projetos que precisam de uma observabilidade muito confiável.
<https://www.linkedin.com/in/mario-barbosa-valent/>

Patrick de Souza Ferreira. Atua na área de Tecnologia desde 2017. Graduado em Análise e Desenvolvimento de Sistemas pelo Centro Universitário Carioca com bolsa integral do ProUni, tem uma paixão imensa por tecnologia. Atualmente trabalha com observabilidade no time de SRE da Totvs. Ao longo da sua trajetória na empresa, alcançou inúmeros ganhos em performance, qualidade e redução de custos graças à implantação da cultura de observabilidade. Como referência técnica no time, tem sido essencial para otimizar processos e garantir a eficiência dos sistemas. Além disso, é cristão e líder de célula na Igreja Batista Atitude em Nova Iguaçu, onde lidera encontros semanais para aprender um pouco da palavra de Deus. <https://www.linkedin.com/in/patrick-de-souza-a9b473176/>

Renan Torres. 32 anos, casado, natural de São Caetano do Sul-SP, é formado em Redes de Computadores e possui MBA em gestão de projetos pela FMU. Possui mais de 10 anos de experiência como líder em diversas áreas de tecnologia dentro de empresas como Stefanini, Nestlé, Service It e Leroy Merlin. É especialista em Gestão de Operações de Infraestrutura, Governança, *Cloud*, Observabilidade, *FinOps* e Serviços. Também é Professor de Pós-Graduação na área de Serviços de Infraestrutura e Gestão de Desempenho de Tecnologia. <https://www.linkedin.com/in/renan-gon%C3%A7alves-de-torres-a1127892/>

Richard Marques. CTO da IBM para clientes da indústria financeira, com experiência de 30 anos no mercado de Tecnologia trabalhando em diversas áreas, como desenvolvimento, testes e controle de qualidade, operação e sustentação, arquitetura, gestão de *data center*, entre outras. Imerso nos temas e disciplinas de SRE desde 2016, participa de grandes conferências como KubeCon e SRECon. Tem ajudado clientes e parceiros a construir soluções mais resilientes para atingir altos níveis de eficiência com a aplicação de inteligência artificial em processos, plataformas e aplicações. <https://www.linkedin.com/in/richard-marques-26b3a14/>

Roberto Alves. Formado em Sistemas de Informações pela FIAP e pós-graduado em Gestão de Negócios pela USP. Desenvolvedor desde os 14 anos. Entusiasta de Arquitetura de Software. Certificado em *Cloud Computing* pela Amazon Web Services e Oracle. Mentor em eventos de tecnologia, instrutor em cursos *on-line*, palestrante, autor e contribuidor *open source*. Em reconhecimento às contribuições feitas à comunidade de tecnologia, recebeu o título de Microsoft MVP, *AWS Community Builder* e *Elastic Contributor*. Atualmente é Coordenador de Engenharia de Plataforma no Hospital Israelita Albert Einstein. <https://www.linkedin.com/in/robertosousa01/>

Rodrigo Gobbo. Residente e trabalhador em São Paulo, é Coordenador SRE/*DevOps* com uma trajetória marcada por dedicação e paixão. Aos 47 anos, é casado e tem um filho. Seu interesse por séries, *games* e família reflete seu equilíbrio entre vida pessoal e profissional. No campo profissional, Gobbo se destaca como líder de equipes SRE, focado em garantir a eficiência e estabilidade dos sistemas. Concluiu, recentemente, um MBA em Arquitetura e Engenharia de Software. Gobbo é conhecido por sua habilidade em conciliar múltiplas responsabilidades, sempre mantendo a família como prioridade. Sua visão para o futuro e seu comprometimento com o crescimento profissional são admiráveis. <https://www.linkedin.com/in/rodrigogobbo/>

Rodrigo Macia. Com uma carreira de mais de 16 anos, aperfeiçoou sua expertise na entrega de serviços e produtos de tecnologia. Recentemente, seu foco tem sido nas práticas *DevOps*, cultura *Lean*, canais e produtos digitais, metodologia *Scrum* e operações SRE. Tem se dedicado ao desenvolvimento de processos de entrega contínua de valor com uma abordagem centrada no cliente, impulsionando a transformação digital em grandes plataformas de negócios. <https://www.linkedin.com/in/rodrigomacia/>.

Rogerio Castro Rodrigues. Profissional apaixonado por inovação e excelência em tecnologia, com mais de duas décadas de experiência no setor. Especialista em engenharia de software e análise de dados, se destaca por liderar times no desenvolvimento de sistemas de missão crítica, especialmente em canais digitais, onde atua há 19 anos pelo Itaú Unibanco. Formado em Ciência da Computação e com pós-graduação em Gestão de Tecnologia, possui uma base sólida para liderar projetos complexos. Acredita que cada linha de código pode impactar positivamente a vida das pessoas e está comprometido que seus projetos entreguem uma experiência única e valiosa. Nas horas vagas, gosta de estudar sobre tendências de tecnologia e os enigmas do nosso passado. Contudo, o que realmente valoriza é passar muitas horas em companhia de sua esposa e filho. Reside em São Paulo, onde busca continuamente aprimorar suas habilidades e disseminar seu conhecimento obtido nesses anos de tecnologia. <https://www.linkedin.com/in/rog%C3%A9rio-rodrigues-1522978/>

Tatiane Payá. Líder Sênior em Tecnologia | Conselheira | Mentora | Palestrante | Escritora | Liderança Feminina | Especialista em PSE, SRE, *DevOps*, *Observability*, *Cloud*, Governança de TI e Transformação Digital | Mãe de Piloto e PilotA.
<https://www.linkedin.com/in/tatypaya/>

Thiago Segantini. Possui mais de 20 anos de experiência nas áreas de engenharia de software, tendo se dedicado aos temas de Arquitetura, *DevOps*, SRE e qualidade de software. Durante 18 anos, foi responsável por impulsionar a eficiência e a confiabi-

lidade dos processos de desenvolvimento no Itaú Unibanco. Implementou diversas estratégias de *DevOps* e SRE para otimização de softwares. Atualmente lidera a equipe de arquitetura na criação de soluções inovadoras que atendam às necessidades do negócio, envolvendo avaliação de tecnologias emergentes como *Blockchain* e *GenAI*. É formado em Ciência da Computação e possui MBA em gestão empresarial pela Fundação Getúlio Vargas (FGV). <https://www.linkedin.com/in/thiago-segantini/>

Vanessa Genaro. Profissional *C-Level* com MBA em Gestão e Governança de TI, graduada em Administração de Empresas, com vivência internacional, domínio do idioma inglês e mais de 14 anos de experiência na área, atuando em empresas nacionais e multinacionais de grande porte, destacando-se o segmento financeiro, educacional, varejo e construção civil. Expertise em gerenciamento, planejamento e controle de projetos de tecnologia, realizando o levantamento de requisitos com *stakeholders* para o desenvolvimento de novas soluções e acompanhamento de cronogramas em todas as suas etapas, contando com a utilização de metodologias e *frameworks* ágeis como facilitadores: *DevOps*, *Scrum*, *Kanban*, *Lean* e ITIL®4. Construindo times inspirados pelo *mindset* do *Management* 3.0. Experiência consolidada em gestão de operações de TI, contemplando: infraestrutura, *troubleshooting*, gestão de mudanças, análise de incidentes críticos e suporte técnico ao usuário em diversos níveis de complexidade. <https://www.linkedin.com/in/vanessa-genaro/>

Vinicius Alves Ribeiro. 28 anos, Especialista *DevOps* e SRE. Quando criança, sempre teve curiosidade de desmontar coisas. Ao longo dos anos, seu interesse pela informática surgiu devido à possibilidade de criar novas soluções para resolver problemas complexos. Hoje seu maior objetivo é tornar o ambiente de desenvolvimento mais ágil, seguro e com uma alta qualidade. Preocupa-se com o ambiente e a velocidade de desenvolvimento e de implementação de software de qualidade. Decidiu que, como especialista *DevOps*, usaria as ferramentas mais modernas para automatizar a maximizar a eficiência dos desenvolvedores.
<https://www.linkedin.com/in/vinicius-r-74a49519a/>

William Lavieri. *Senior Head* de Operações de Tecnologia no grupo Santander, com passagens por Banco Itaú, Droga Raia, Prodata Mobility e SnapIT. Atualmente lidera a transformação e convergência das equipes de Operações de TI do Santander no Brasil, Chile, Uruguai, Peru, Colômbia e Argentina. Formado em tecnologia da informação na Universidade Nove de Julho, mestrado profissional no Instituto de Pesquisas Tecnológicas da USP, MBA em Gestão Empresarial na Fundação Getúlio Vargas, especialização em Mercado Financeiro na escola de negócio Saint Paul e especialização em Transformação Digital no *MIT Professional Education*. Coautor do

livro "Jornada SRE no Brasil" e revisor do livro "Jornada da Observabilidade". Apaixonado por esportes, praticante de artes marciais, corridas de rua, natação e *bike*, com participação no IronMan 70.3 SP em 2023. <https://www.linkedin.com/in/wlavieri/>

William Lino. Apaixonado por tecnologia, por aprender e por passar conhecimento. Com mais de 18 anos de experiência em áreas de infraestrutura e bancos de dados, possui título de Microsoft MVP na categoria *Data Platform*, *AWS Community Builder* na categoria *Data* e também é um dos líderes do *AWS User Groups* São Paulo. Já atuou em empresas de vários tamanhos, estando hoje em um dos maiores bancos digitais do Brasil como *Database Reliability Engineer*.
<https://www.linkedin.com/in/williamlinooliveira/>

Willians Aguiar. Mais de 20 anos de experiência em engenharia de software, especialista em canais digitais e liderança de times. Participou da evolução e transformação dos principais canais dos maiores bancos do Brasil, evoluindo arquitetura, engenharia e observabilidade para oferecer experiências livres de erros e estáveis.
<https://www.linkedin.com/in/willians-rodrigues-de-aguiar/>